二つを行き来してもいい
それによって起きるのは
日常と非日常の境をぼかすこと
こんなことが起きなかったら
決して思いつくことはなかっ
あらゆることから解き放たれ
それこそが、人生の意味

小鹿 涼

役所広司

撮影　三部正博　スタイリング　安野ともこ
ヘア&メイクアップ　勇見勝彦（THYMON Inc.）　文　堂前　茜
スーツ、シャツ／共に、ポロ ラルフ ローレン（ラルフ ローレン 表参道　tel.03-6438-5800）

映画っていうのは、どんなに汚れた世界を描いていても、何か美しさがないといけないのですが、そういう美しいものを、この映画は持っていると思います

どうしたって観る前から期待してしまう作品が期待を遥かに上回ってきた時の感動。西川美和監督の最新作『すばらしき世界』は、もはや手垢にまみれてしまった喜びや怒り、悲しみや可笑しみが、「そう、本来はこういう感情だった」という瑞々しさを持って次々とおとずれる作品だ。悲しみの源は何だろう？　原初的な怒りとは？　喜びとは？　それらを全方位で我々に魅せてくれたのが、役所広司が演じる主人公・三上正夫だ。刑期を終えて社会に戻ってくるも、職探しすらままならない三上だが、ケースワーカーの井口（北村有起哉）や近隣スーパーの店長・松本（六角精児）、そして身元引受人の庄司（橋爪　功）らに支えられながら再起を図る。役所広司史上、最も人間味溢れる人物と言っても過言ではない三上を、役所はどう捉えたのだろう。

僕も映画を観た時は、「もっと上手に生きる方法はあるのになぁ」と思ったけども、じゃあ僕らの生き方が本当に正しいのか、人間として美しいのか？は、よく分からない

——今回のお話がきた時、まずどんなことを思われましたか？

役所 西川監督が書いた初めての原案ありの企画ということもあり、珍しい映画になるのではないかと。珍しいというのは、このご時世では企画が通りにくいようなという意味です（笑）。原作がヒットしたものや、テレビドラマのリメイクとかが多い中で、原案となったこの小説自体（佐木隆三の『身分帳』）、渋いですからね。でも、ぜひ参加したいという内容でした。あと、こういう作品がなくなるのは嫌ですからね、積極的に参加したいと思っています。

——こういう作品、というのは？

役所 ありきたりじゃない作品ですね。作家性のある西川さんが、作家として撮りたいものを撮っている。ヒットを狙うとかではなくて、映画監督として、商品ではなくて作品を残そうとしている。実際、残っていく作品になると思います。

——台本を読まれた時も、作家としての西川さんらしさというものは感じられましたか？

役所 やっぱり西川さんですよね。犯罪絡みというのもあるし（笑）。何でしょう、西川さんは、人生において足を踏み外してしまった人たちの、人間としてのあり方の面白さに目を向けられるところがあって。人間らしさっていうのは（映画に）出てくると思いますしね。だけど今考えてみると、世の中には捨てられた子がたくさんいるし、殺人事件が頻繁にニュースで流れている。彼らが大人になったり、刑務所から出てきたりしているわけですからね。僕たちの世界は、全然意識していないですが、そういう人たちだらけなのかもしれないですよね。で、そういう人

たちは本当に、どうやって暮らしているんだろう？と思います、こんな世の中で。六角さんが演じる松本みたいなお節介な人は都会だとなかなかいませんよ。下町ならではなのかもしれない。そういう意味で（三上は）救われているなと思います。

――台本の時点では、どのように三上を演じようと思われましたか？

役所 役作りはもう、台本ですよ。台本がすべてですね。あとはやっぱり、台本に書かれていない、いわゆる行間ですか。そこに監督の想いがありますから、それを想像するだけです。西川さんはこんなことを考えているんじゃないかな？って（笑）。伝わってくるものがありますから。そういう意味で原案小説というのが参考になる部分もありますよね。台詞のバックグラウンドが小説に描かれている部分もありますから。それに当てはまる場合と当てはまらない場合っていうのがありますが、それはもう自分が選択していくだけです。

――願わくは、私はもっと三上を観ていたいなと思いましたが、役所さんは映画をどうご覧になりましたか？

役所 撮影しながらも思ったんですけど、この『すばらしき世界』というタイトルを、お客様はどういう風にそれぞれ感じられるのだろうなって思いました。いろんな風に感じ取ってくだされば良いなぁと思いましたし、僕自身、（劇中で）青空にタイトルが出た時はいろんなことを思いましたね。本当にこの世界ってすばらしいのかなぁ？とか。だけど最後の最後に三上という男が、数は少ないけども数人の人たちに大切にしてもらった、その温もりを感じたので、色々と厳しいけれどこの世界にはすばらしさもあるなと思いました。

――三上という人間はどうにも目が離せないところがありました。お芝居自体、緩急があり、ダイナミズムを感じましたし、短気ですぐにカッとなるんだけど、非常に繊細で不器用で。屈託なく子どもみたいに笑うところもどこか憎めなくて。役所さんは具体的に三上をどう捉えられましたか？

役所　やっぱり、それだけ個性が強いということですよね。感情の波が激しい人ですが、少なくともこの三上という男を見守ってくれる人々にとっては、どこか見捨てられない何か、可愛さなのか、人間味なのか、そういうところを持っていないといけないよなぁとは思いました。彼は真っ直ぐ過ぎるのですが、それは長所であり、美しさでもあり。で、周りの人たちもそこを魅力に感じているから、三上に対して「もっと上手に生きなさい」とは言いますけども、自分の生き方も、「本当にこれで良いのかなぁ」と思わせるところもある。そういう人物ですよね。僕も映画を観た時は、「もっと上手に生きる方法はあるのになぁ」と思ったけども、じゃあ僕らの生き方が本当に正しいのか、人間として美しいのか？は、よく分からない。三上の困るくらいの真っ直ぐさを、美しいなと僕は思いますね。映画っていうのは、どんなに汚れた世界を描いていても、何か美しさがないといけないのですが、そういう美しいものを、この映画は持っていると思います。

――三上が持つ美しさを意図的に描いていないのが素敵なのと同時に、彼の狡猾な面も抜け目なく映している。刑務所を出た時、彼にバスの中で「ざまを見ろ」と言わせたりもしていて。三上の本質は変わらないんでしょうけども、観ていくうちに三上のいろんな面が見えてくる、性質が転がっていくような感じが面白かったんです。

役所　多分この人は嘘をつけない、芝居ができない人だから、全部が本心なんですよね。刑務所を出た時、刑務官が見送りに来てくれますけど、いろんな葛藤があったと思います。殴り合いした仲なんじゃないかと思いますし、きっと彼なりに我慢したこともあって。ずっとヤクザの世界で命をかけて生きてきて、刃傷沙汰もあって身体中、傷だらけで。人も殺していますからね。それだけの人間です。ただ、単純に彼の育ちの不幸さのせいでこういう風になっただけではない。それが助長した部分はあるかもしれませんが、生来持っていた攻撃性というのが彼にはあるのだと思いますね。そこが、我々の社会で生き辛くさせている。純真さがあるものだから、周りの人、前の妻もそうでしょうけども、放っておけない存在なんですけどね。だからこそ、自分を守ってくれた人、自分に恩を与えてくれた人たちは、命をかけて守る、それが彼の生き方なのだと思います。

役者は、自分が全部やっていると思ったら大間違いです（笑）

――特に冒頭の三上はどこか顔色が悪くて。意識して息を吐くシーンがいくつかあったのも、印象的でした。

役所 それはやっぱり、心臓の疾患があるので。血圧が上がってくると動悸はしてくるでしょう。メイクで顔色を変えるようなことはしていないので、照明とかでそう見せてくれたんじゃないかと。僕は青ざめている芝居はできないから、映画の魔術ですよね。現場でそういう風な色にしてくれたり、仕上げの段階で色調整もしてくださいますから。そういうもので役者の芝居っていうのは結構救われているんです。役者は、自分が全部やっていると思ったら大間違いです（笑）。

――初めての西川組はいかがでしたか？

役所 西川さんは何でしょう、良い意味でアマチュアの気持ちを持っているんですよね。本当に純粋に「これで大丈夫ですか？」と聞いて、スタッフの考える力を引き出せる。その辺は監督の才能だと思います。最終的にはやっぱり、自分が持っている想いというのは強い。でもスタッフが意見を言える環境を作ります。是枝（裕和）さんのチーム、分福という集団がそういう映画作りの仕方をしているのかもしれない。若いスタッフが多いですし、女性のスタッフ率もすごく高いのですが、若くてまだそんなに経験もない人たちにちゃんと意見を言わせる環境を作る。若い人が意見を言って、「そんなことできないよ」と却下する場合もあるし（笑）、ちゃんと聞く場合もある。それは他の現場とはちょっと違うと思いますね。

――先ほど、「力を引き出す」という表現がありました。役所さんは歳下の方々とお仕事をされる機会も多いと思います。どんな現場においても、力を引き出してもらえるというのは、役者冥利に尽きるのではないかと想像するのですが、役所さんともなれば――という言い方も少し違うのですが――他人に引き出してもらうのとご自分で引き出すのとでは、後者の機会の方が多いのかな？なんて思いました。

役所 いや、ありますよ。僕なんかが準備してきた芝居を、リハーサルでやりますよね？ すると、カメラをどこに据えて、どこでカットを切って、どこで次のカットに行って、どこでクローズアップにするのか？ それらを作っていく作業はすでに演出ですから、どうすればこの芝居がより良く映画の中で見せられるか？と、きっと引き出してもらっているんですよね。1カットで全部行った方がこのシーンは良いという時、それよりその人物の感情に近付くためにこういうカット割りにする、などと助けられているんです。で、仕上げの段階で、編集しますよね。そこで、映画全体もそうですが、それぞれのキャラクターを活かすためにこれはない方が良いとか、このシーンに入っていなかったこのカットをここに入れようだとか、やるわけですよね。なので、引き出してもらうというよりも、下手な芝居を良くしてもらえるっていうのはあるんだと思います。

――役所さんはご自分の芝居が下手だと思うことはありますか？

役所 もちろんありますよ。撮り方や、撮影のカット割りによって、上手くいかないことはあります。現場で上手くいっていない感じだったけど編集によって上手く見える、ということもたくさんあると思います。西川さんの場合はそんなにカット数が多くない、長いカットが多いので、それなりの芝居をしなければ成立しないのだけれど、新人の俳優さんなんかだと細かくカットを割って、短いカットでパッパッパッと繋いでやると、もうアラが見えなくなる、そういう編集の仕方っていうのもいっぱいある。それが今は主流だと思います。だから本当にね、僕なんか歳をとってるから余計に思うのかも知れないですけど、自分で芝居したのが全てじゃないんですよね。僕も1本だけ監督したことがありますけど、仕上げ作業で、顔色にしろ、声のトーンにしろ、聞き取り辛い台詞をどうやって録音さんが調整してくれているか、分かりました。だから――俳優は演技賞をもらった時に「スタッフのみなさんに感謝してます」と言いますが、ありきたりですけどでもそれは真実なんです。

――絡まれていた人を助けるために、暴力沙汰になるシーンがありました。近年で言うと『孤狼の血』もそうでしたが、役所さんの暴力の瞬発力がもの凄いなぁとここでも思いました。

役所 いやいや（笑）、もうヨレヨレですよ。

――どこからそんなパワーが出てくるのかな？と、逃げ出す人の気持ちが分かる恐ろしさで。

役所 （笑）まぁヤクザの人はね――ヤクザって言って良いか分からないけど――あの人たちは、小説にもありますが、ハッタリが7分くらいで。ハッタリを効かせるというところがあるんです。卑怯なことをしてでも勝てば良い。卑劣なことも当たり前っていうところがあるので、打ち負かすことに関して、彼らはプロなんです。やっぱり僕たち素人は、ああいう硬いもので人の頭を殴ったりはできないんです。暴力団や人殺しになれるかなれないかはその差だと思うんですよね。金属バットで人の頭を思い切り殴れるかどうか？ いくら恨みがあったとしても、発作的だったとしても、それができるかできないかが、ヤクザの試験に合格するポイント（笑）。だから今まで殺人犯の役も、人を殺したことがある人の役もやりましたけど、彼らも、それができる人間です。三上は本当に、直情型ですよね。さっきまで笑っていたのにいきなりカーンと怒るような人格。我慢できるところは我慢するけど、我慢ができないところは沸点まで一気に行っちゃうっていう。

――三上みたいに振れ幅のある人間を底抜けに豊かに演じられているのを観ますと、役所さんの中には様々な感情の貯蔵庫のようなものがあるのかなと思ってしまいます。日頃からいろんな感情を貯められていて、もしくは記憶されていて、それを現場で一気に放出されるというか。突如としていきなり表れたものではなく、リアリティや背景はもちろん、助走まで感じることがあります。普段はどんな感情が沸き上がることが多いですか？

役所　僕も、急に怒るというか、我慢していたのがもうダメだとなった時は、自分に「冷静に」と言い聞かせる前に怒っていることはありますね。滅多にないですけど、今まで何年か生きてきて、そういう時はありました。でもそれを、うん……やっぱり、なんとなく身体で記憶しているんじゃないですかね。

――介護施設の場面で、三上が怒りをどう抑え込むか？も、ハイライトの1つでした。一見して人の良さそうな人たちが、自分よりも弱い人をどう扱っているのか？っていう。

役所　でも三上としてはね、就職祝いの場で誓ったことがありますから。祝ってくれた人たちが「もっと上手に生きなさい」と。で、「もうみなさんの顔に泥を塗るようなことはしません」と返す。その時、津乃田くん（仲野太賀が演じるTVディレクターで、前科者の三上が心を入れ替えて社会復帰し、生き別れた母親と再会するというストーリーを撮るべく、三上に取材をしていた）が、不思議な顔をして（三上を）見ているんですよね。「大丈夫かなぁ」って。「この人、そんなことで幸せかなぁ」というような不思議な顔を……。まぁとにかく、そこで我慢できたのは、自分のことを守ってくれる数少ない人たちがいるからなのですが、映画の観客として観ると、彼の我慢が辛いですよね。「この人がこんなに賢く生きて良いのかなぁ？」というか、ちょっと自分たちも後ろめたい感じがしますよね。で、そういうことは、僕たちの日常生活にいくらでも転がっていると思います。さっきも楽屋で話していたんですけど

――路上のカラーコーンを蹴飛ばした人を注意した男性が、逆上されて暴行を受け重体になってしまったと……そ

のような事件はニュースを見るたびに、胸が痛みますよね。と同時に、自分がその場所にいたらどんなことができたのだろうか?と考えたりします。そういう、どこか苦い感情が、この映画を観てくれた人にはなんとなく残るんじゃないかなと思いますね。

――お話を聞いて改めて、このタイトルの深みを感じます。

役所 映画というのは、音楽とか独自の表現も入っていますし、監督は――撮影の現場ではカット割りという演出もありますけども――最終的な演出は仕上げの段階でされていくと思うんですね。だから僕なんかが一緒に撮影していても、出来上がったものを観ると想像とはまったく違う仕上がりになっているということもあります。今回もまぁ、あったシーンがなくなったりもする中で、脚本を読んだ時には感じなかったものがじわじわと、出てくる。効果音や音楽が違うだけでもまったく違う映画になることもあるんです。で、監督自身の「この音楽が良い」と思う感覚、そのチョイスというのが、映画そのものになるんですよね。監督がこのタイトルを付けるとなったのは、確か撮影の途中で、一部編集されたものをご覧になったタイミングだったと思います。このタイトルでいけそうな気がするからこれにしますと、発表されたんです。

――三上のような再起を願う人にとって、生きやすい世の中になっていけばいいなと思います。

役所 本当にね。再犯率が今、5割ぐらいですか? それだけ、生き辛いんだと思うし、塀の向こうの方が楽だと思って、また罪を犯して刑務所に帰る、という人も多いと思いますから。どうやって共存していけば良いかわからないですけど……自分の身の回りにもいないし、そういった時にどうやって受け入れられるのか?というのも、本当に分からないですね。だけどやっぱり、手を差し伸べてあげたいとは思います。

『すばらしき世界』
脚本・監督/西川美和
原案/『身分帳』佐木隆三〈講談社文庫〉
出演/役所広司、仲野太賀、梶 芽衣子、橋爪 功、六角精児、北村有起哉、白竜、キムラ緑子、長澤まさみ、安田成美、他
2月11日より全国公開

念々歩々唱々

宇崎竜童

死ぬまで日本男児でいたいな。ただね、この間、聞かれたんですよ。「もう野心はないんですか？」って嫁に。「考えたら野心、なくなっているな」と気付いた

撮影　名越啓介（UM）
文　堂前茜

死が間近に迫った時にこそ、その人の生き様が立ち上がるのかもしれない。映画『痛くない死に方』で宇崎竜童が演じた元大工の棟梁・本多は、自分の死に際の「理想」をしっかり思い描いていたのだと思う。それを全うできるような道を歩み、自身を見失わなかった。彼が積み重ねてきたものこそが、最後まで彼を支えていた。在宅医療のスペシャリストである長尾和宏の著書『痛くない死に方』、『痛い在宅医』をモチーフに高橋伴明監督が作り上げた本作は、主人公の在宅医・河田（柄本 佑）が人間とどう向き合うか？ 命をどう扱うか？ を描くと共に、死に向かう人と周りの人間にどのような選択肢があるかを提示する。こんなに「参考」になる作品もそうない。そして本多が本当に見事な映画だった。

遺作になっても良いものを作らなきゃいけないっていうのが、この5、6年の僕のテーマです

――完成した映画をご覧になって、どのようなことを思われましたか?

宇崎 監督に「良い映画でしたね」って言いました。「良い」の意味もいっぱいあるんですけど……死ぬ話だからね。監督の高橋伴明は痛くない死に方を選ぶのか?というところにすごく興味もありましたし。というのも僕の役は伴明さんが作ったキャラクターというか、ほとんど中身は高橋伴明です。(本多のように) 川柳なんかを見せてくれたことは一度もないけども、若い頃からの友達でね。一緒の仕事はあまりなかったけれど、あちこちの飲み屋で騒いだ相手なんです(笑)。伴明さんが何を考えていたとか、学生時代に学生運動をやっていた話も聞いていていましたし。なので(演じる上での素材は)自分の中にだいたい入っていたんです。あとはどうやって演じたら良いんだろうな?と考えていたんですが、まんまいけば良いのか、と思って。伴明さんになろうとか本多になろうとかはしないで、俺がもしこの状態になったらこんな感じかな?という風にやりました。「元気過ぎる」と何度か指摘はもらいましたけど、あとは自分のままでしたね。

――元気過ぎる(笑)。

宇崎 佑くんの台詞で「ちょっと病人っぽくないな」と言うところあるじゃないですか。それがすごく頭にあったものだから、「あんまり病人にならなくて良いんだ」という気分があって。台詞を言う時に――まぁ普段からそうなんですけど、手が動いちゃうんですね。だけどその手の動きが、「それロックンロールだから」ってリハーサルのたびに言われて(笑)。俺は内田裕也さんじゃないんだけど(笑)、大工さんの指の動き方、病人の指の動き方じゃなく、スピーディーらしい。それを抑えてとは言われましたね。

――でもご登場した時から、とは言え声に張りもなく、これから段々弱っていくのかなぁ、というよりも、すでにこの人はギリギリのところに近付いていているのかなぁというような雰囲気でした。

宇崎 実はあの時、病気だったんです（笑）。一昨年の8月くらいかな。結構長いツアー中だったんですけど、その合間に出演させていただいて。でもツアーの真ん中から咳が止まらなくてね。今だったらきっと「コロナだ」と言われるような。子どもが百日咳って罹るじゃないですか。大人にも百日咳があるんだって。僕が風邪をひくと行くクリニックがあって、そこで注射を1本打つと、次の日カラッと治るんですが、その時は注射を打っても、撮影の時まで治らなくてね。ステージの上でも、喋っている間に咳できないじゃないですか？ なので我慢して喋って、イントロが始まったら後ろを向くんです。後ろ向いて「コホッ」。間奏になったらまた「コホッ」って。撮影の時も、俺はゲホゲホ、監督もゲホゲホ。同じ咳をやっていましたね（笑）。

――（笑）本多はべらんめえ調というか、病人ですが、活きが良いじゃないですか。佑さん演じる在宅医と会った時も、「嫌な医者だねぇ」と生意気な口を利くんだけど、全然嫌な感じではないんですよね。これってやっぱりお芝居じゃなくて、長年宇崎さんが積み重ねてきたお人柄のようなものが出ているんじゃないかなと思ったんです。これまでやられたどの役よりも宇崎さんじゃないかなと。

宇崎 伴明さんがそういうことをすべて分かった上で、僕を指名してくださったのかなとは思いますね。

――例えば大谷直子さん演じる奥様に対してちょっと拗ねたり、何かお願いしたりする時、口を尖らせて言うのが何とも憎めず、すごくチャーミングでした。

宇崎 （笑）水谷 豊さんにね、何顔って言われたんだっけな……あ、「舌打ち顔」だ。昔、「舌打ちしてから喋るみたいな顔をしていますね」と言われたくらい。自分じゃ気が付いてないんだけど。

――舌打ち顔というとちょっと性根が悪そうですけど（笑）、私は少年っぽいなと思いました。「うるせえなぁ」と減らず口叩きながら、奥様に「ちょっとは痛えよ」と弱音をぼそっと吐けるのが、少年っぽさとご老人ならではの……あと奥様と長い付き合いだから出せる本音という感じがして。温かみがあるんですよね。

宇崎 伴明さんと俺に共通する（笑）、舌打ちっぽい精神っていうのかな。何に対しても優しくフワッといけないんだよね。だけど伴明さんにあって僕にないのは、繊細さなんですよね。伴明さんはあんなに不満そうな顔をしているけど、言っている言葉の中は、義理と人情の世界だし、粋なんですよね。

――この作品に入られるまでに、ご自分の死について考えることはありましたか？

宇崎 それは一応ありましたね。60歳を過ぎてからと、結婚してからすぐの時。「一緒に死ねたら良いね」という話をずっとしていたんです。でも60を過ぎてからは、「先に死なないでください」と言われてきたんです。「見送ってください」と。「ちゃんと見送ってくれたらいつ死んでも良い」って（笑）。要するに、僕が1日でも長く生きないといけない。そのためには元気でいてくれなければっていうことで、バランスのとれた食事を阿木（燿子）が3食、出してくれるわけですよね。こっそり寝る前にチョコレートやアイスクリームを食ったりもしてきたんだけど（笑）、幸いこれまで大病はなく、ここまでやってきました。だけど70歳を過ぎた頃、いろんな人の死に目に遭うことが増えてきた中で……自殺はしちゃいけないなっていうのと、たくさんのパイプに繫がれて死ぬのは嫌だなと。だから病院で死にたくないなっていうのはまずあります。自然死というか、寿命がきて、穏やかな顔をして自宅で亡くなるという風にいければ良いな、とは思うようになりましたね。

――本多の死に顔は、微笑んでいるように見えました。どこか勝ち誇った顔にも思えて。

宇崎 あ、そうですか。穏やかな死に顔でいたいなとは思ったんですけど、穏やかな死に顔って分からないですよね。だから1つも狙っていないです。監督やカメラマンは狙っていたかもしれないね。

――亡くなった後、河田が「今までありがとうございました」とお礼を言う。最後にそうやって心から、誰かにお礼を言われる死に方って素敵だなと思ったんです。あと、奥田（瑛二）さん演じる長野先生が見送った方のように、子どもや孫など、大勢に囲まれるのも……その人が歩んできた人生が最後に立ち上がりますね。

宇崎 本多はね、奥さんと在宅医の方と看護師さんに見守られて死ぬんだけど、撮影の時は、（カメラの向こう側に）30人も40人もスタッフがいるわけですよね。その風景を見たら、こんなにたくさんの人に見守られて死ぬのも良いなと思いました。それから最後、木遣りを歌ってもらって、棺桶をみんなが担いでくれるじゃないですか。あれはよかったよねぇ。俺、自分が死んだシーンが終わったら「お疲れ様でした」と言われたの。「棺桶に入れてくれないの？」と言ったら、「棺桶が重くなるのでやめてください」って（笑）。だけど本当はあの中に入って、担いでもらいたかったなぁ。で、棺桶の中で木遣りを聴く。そんなことできないじゃない。

――あまりないと言えば、看護師さんにお尻を拭いてもらうシーン。あそこで看護師さんに「春ちゃん気持ちいい～」と言った後、「汚いケツでごめんなさい」と加えるのが可愛くて、笑ってしまいました。

宇崎 （笑）1つだけ僕から伴明さんに注文したのは、余 貴美子さんがおしめを処理するわけだから、「余さんに見られちゃうのは仕方ないけど、このお尻を画面の中に入れ込まないでくれますか？」ということ（笑）。やっぱり恥ずかしいもんですよ。丸出しなんだから、お尻（笑）。余さんには見せてしまうわけだから、「ごめんなさい」は本心でもある。あれはだから台詞と言うより、本当に余さんに対して思っている言葉です。

――とにかく本多さんが素敵に尽きるんです。で、お話を聞くとあれは宇崎さんそのままだ、ということで、今の宇崎さんがどう形作られたのかも気になるのですが、やっぱり一緒にいる人が自分を作るとも言えるわけで。きっと阿木さんもさぞ素敵な方なんだろうなっていう風に想像してしまいました。

宇崎 阿木に学んできたっていうね。価値観はだいたい同じなんですけど、間違ったことは言わないね。いや、分かんないですよ？　世間的にどうかは分からないんだけど、僕の中では、「なるほどな」と思うことをずーっと言ってくれたり、注意してくれたり。向こうにそういう気があるかはわからないけども、僕は導かれてきている、導かれてここまできたかなという風に思います。

――注意されてイラッとくることってないんですか？

宇崎 イラッときたことはほとんどないですね。イラッとくることを言わない。的確なんですね。

――嫌味みたいなのも言われないんですか？

宇崎 一切言わないですね。嫌味じゃなくて、正確に言うんですよね。例えば90年代から曲を先に書くようにしているんですが、90年代までは詩が先だったんです。すぐできちゃうんですよ、詩を見れば曲が。それを今度は逆転したいと。つまり、すぐ詩が書けるような良いメロディを書いてくれってことです。今まで当たり前のようにやっていた作業の順番が逆転しちゃった。すぐ詩を導き出せるメロディを書かなきゃいけない。すごいプレッシャーなんです。書いて録音して聞かせるじゃないですか？　「ピンとこない」と言われちゃうんです。(阿木は）最初にメロディを聴く人じゃないですか。一番にメロディを聴く客だと。そのお客さんがピンとこないということは、みんなにもピンとくるわけがないんだから、アウトってことです。そうすると書き直すわけですよ。で、出すたび出すたび、「ピンとこない」と言われて、本当に「ＯＫ」と言われるまで、10曲20曲と書くことがあるんです。だから「これ大丈夫かな？」と思いながら、作りながら、提出する。でね、最近それがさらに変わったんです。「ピンとこない」とは言わないで、音を聴いて「これで良いの？」と言うんですね。「これで良いの？」と最初に言われた時に、「これで良いの？ってどういう意味？」と聞いたら、「遺作になるかもしれないのよ」って。もうすぐに（提出した曲を）取り返して（笑）。だから遺作になっても良いもの作らなきゃいけないっていうのが、この5、6年の僕のテーマです。

――そうやってずーっと高められてきたんですね、阿木さんによって……。

宇崎 そう、ケツを蹴飛ばされながら生きてる（笑）。

――阿木さんは女性にとっても憧れというか、本当に素敵な方だなぁと昔から思っていたので……。

宇崎 いやでもね、外へ出るとどうだか知らないよ（笑）。

――（笑）ところで、宇崎さんが表現者としてずっと大事にしてきたことってなんですか？

宇崎 大事にしてきたこと……コンサートも、イヴェンターとか制作会社の人が「やりましょう」と注文してくれるから仕事が成り立っている。映画もそうですよね。だからまず、注文してくださった方が喜んでくれる仕事ができたら良いなと思ってやっています。そしてもう1つは、向こう側にいるお客さんに印象付けて、身体の中に頭の中に心の中に、何かを入れて帰ってもらえるようなライヴ、映画を作れたら良いなと思います。

――若い時はきっと違いましたよね？　もっと野心があったりとか。

宇崎 もっと生意気でしたね。「俺を見やがれこの野郎」、そういう気分はありました。でも、自分で作った作品を自分で歌ったりしているので、作る時の精神は今も昔も同じ。だけどステージに立ったら、どこかで宇崎竜童っていう自分を偽装した。今日もそうやって偽装してきたんですけど（笑）、『痛くない死に方』の役の白髪の方が地の僕なんでね（笑）。ステージに上がったら宇崎でいた方がお客さんが喜ぶからと思って偽装でやっています（笑）。

――宇崎さんが思う、魅力的な男性、女性というのは、どういう人だと思いますか？

宇崎 難しいな。いろんな魅力的な人たちに会ってきていますからね。だけど、魅力的な男性は日本男児。俺も死ぬまで日本男児でいたいな。ただね、この間、聞かれたんですよ。「もう野心はないんですか？」って嫁に。「考えたら野心、なくなっているな」と気付いた。自分から引退表明はしないけど、仕事がなくなったら、自然と隠居生活に入っていって良いのかなと思っていたのに、有り難いことにいろんなお話をいただいていて。だって2月にもう75歳ですから。僕は50歳くらいで死ぬつもりでいたからね。今はもう余生なんですよ（笑）。

――素敵な人ばかり出ている映画だったので、最後に聞いてみました。

宇崎 あ、それで言うとね、人に気を遣っていると見せない人が、魅力的だなと思いますね。明らかに気を遣っているのを見せる人が多いじゃないですか。大谷さんなんかね、この映画の撮影の休憩時間、ずーっと喋りかけてくるんです。だけど後から思ったのは、「あっ、これは大谷さんがそういう性格なのではなくて、この映画を良くするために、場をリラックスさせるためにコミュニケーションをとっていたんだな」ということで。素敵だなってその時に思いました。だからこの間、ここで取材した帰り間際、大谷さんも取材されているのを見かけたんだけど、ハグしたかったですよね（笑）。近くにいたら俺、絶対にハグしていたな。

©「痛くない死に方」製作委員会

『痛くない死に方』
監督・脚本／高橋伴明
原作・医療監修／長尾和宏『痛い在宅医』『痛くない死に方』〈ブックマン社〉
出演／柄本 佑、坂井真紀、余 貴美子、大谷直子、宇崎竜童、奥田瑛二、他
2月20日より〈シネスイッチ銀座〉他、全国公開

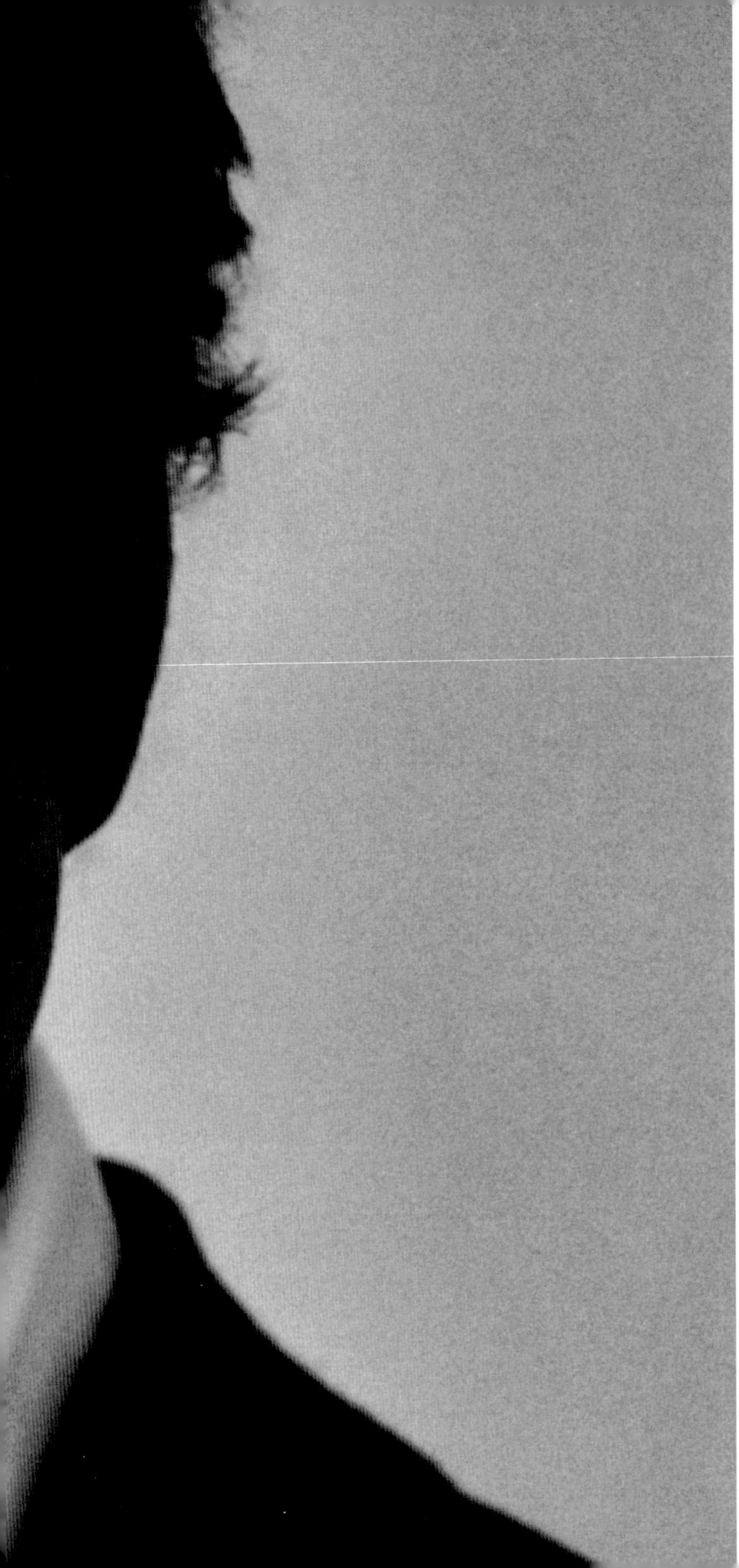

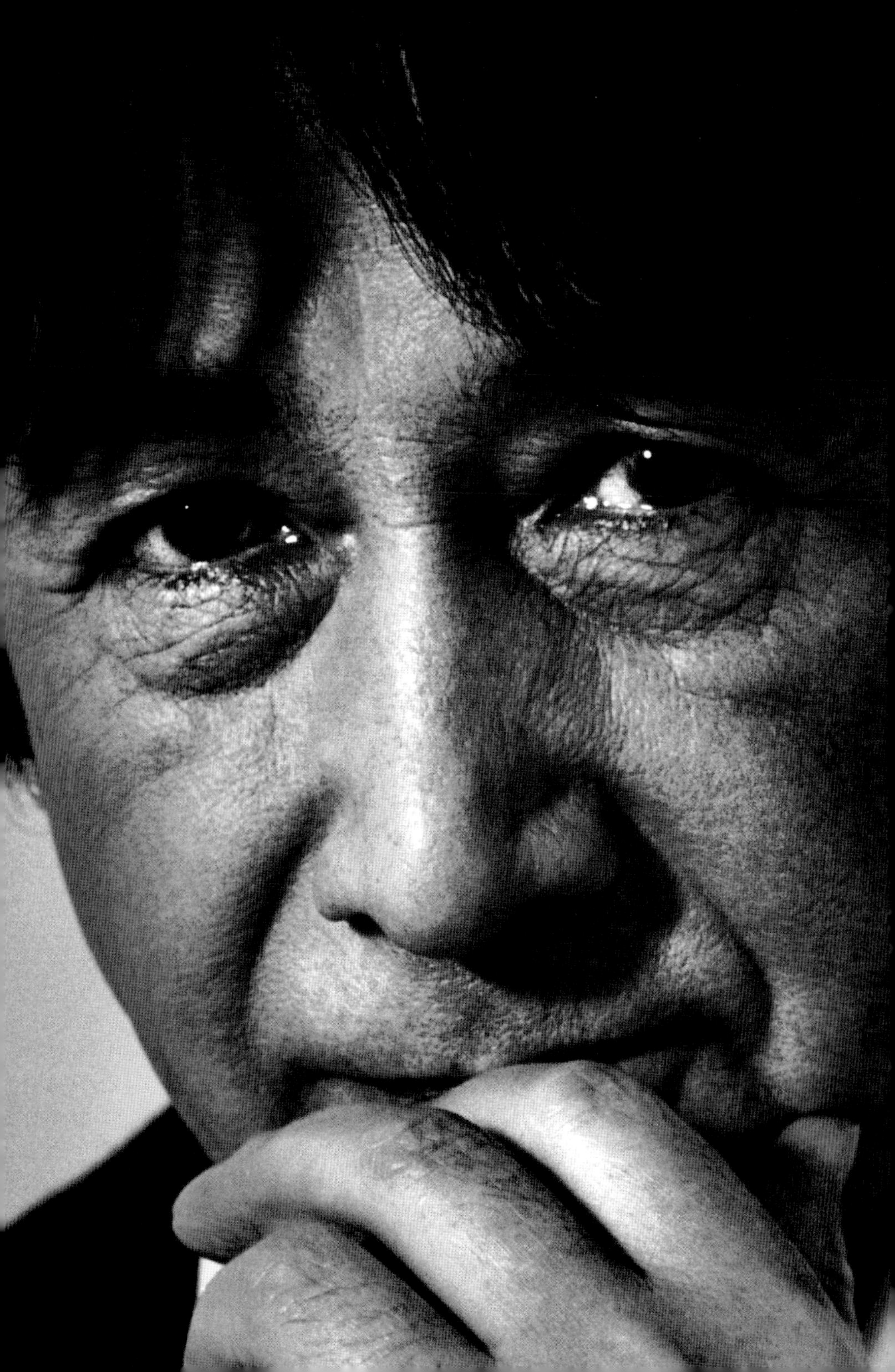

草刈正雄

撮影　森 康志　スタイリング　九（Yolken）
ヘア&メイクアップ　横山雷志郎（Yolken）　文　松坂 愛
ジャケット（23,000yen）、スラックス（6,900yen）／ORIHICA（ORIHICA 池袋東口店 tel.03-5958-1488）※共に税別

どう転がっていくか分からない、売れていくのかどうかも分からない世界だけれど。役者って面白いんですよね。ずーっと、辞めないでね、しがみついてきて良かったなという風に思いますよ

誰と、そして何と出会うかで人生は大きく変化していく。最愛の妻を亡くしてからというもの、「今日も昨日と同じ1日がきて、ただ終わっていくのだろう」と意気消沈していた元天才ピアニスト・神田冬樹の日々の景色を変えたのも、1つの出会いだった。1人ぼっちだった神田が巡り合ったのは、誰かに愛されたかったブサ猫・ふくまる。彼らの出会い、その後の生活を描くのがドラマParavi『おじさまと猫』〈テレビ東京〉他である。神田とふくまるの間には穏やかさや幸福感が充満していて、心がぎゅっと温かくなり、つい自然と涙腺が緩んでしまう。主人公の神田を演じているのが、普段から動物に癒されているという草刈正雄。ふくまるを優しい目で見守り、とことん愛情を注いでいく様は、見事なまでに観る側まで包んでくれるような心地良さを醸し出していた。時にクスクスと笑えもするこの物語に、今はいつまでも寄り添っていたくなってしまっている。

僕が芸能生活を50年やってこられたというのも、ある種、人との出会いがあったからこそですよね

――『おじさまと猫』の原作や台本を読まれた時、まずはどんなところに惹かれましたか？

草刈　人間のおじさまと猫の関わり方がなんとなく胸に引っ掛かるというようなものがありましてね。直感的に面白くなるんじゃないかなと思って。それで今回、神田さんをやらせてもらうことになったんです。

――ふくまるという猫との物語で、またそのふくまるがとにかく愛らしくて。

草刈　本当にかわいいんです。ドラマもよくできていましてね。本読みをやる前にふくまるが動いている動画を（椿本慶次郎、副島正寛）監督が見せてくれたんですよ。最初は、どういう風になるんだろうと少し不安もあったんですけど、ナチュラルに動いて、心がある猫ちゃんになっていたんです。それに感動しました。これだったら上手くいくんじゃないかなと思いましたよね。実際、撮影をしていても苦労はほとんどないんです。心があるように思えるので、僕も自然と涙が出てきたり、笑顔になったり。俳優さん同士でお芝居をしているのとまったく変わらず、ふくまると芝居ができたということは驚きです。いつもの私の芝居のやり方と言いますか、愛するものに対しての芝居というのをブレないようにやっているつもりでいます。ふくまるは、いろんな表情がありますし、動きもまた見事なんですよね。おそらくみなさんもビックリされるんじゃないでしょうか。

――ふくまるの声として命を吹き込むのは神木隆之介さんです。その声にはどんなイメージを持ちましたか？

草刈　本読みの時に神木さんがいらしてくれたんですけど、第一声からしてピッタリで。神木さんにも驚かされましたね。声が素晴らしいんですよ。神木さんの声を前もって聞けたので、それをイメージしながら僕もお芝居をしています。

――草刈さんが演じられるのは、元天才ピアニストの神田。いろんな想いを抱えた方でもあります。

草刈　神田さんは、妻を亡くしているんですよね。それで消沈している時に、たまたま立ち寄ったペットショップでふくまると出会い、そこからふくまるとの生活が始まるんですけども。で、ふくまるとの絡みの中でだんだん笑顔を取り戻していく。神田さんの軸には、そういう話がありまして。基本的にはおじさまとふくまるとの愛情物語なんですよね。大ラヴ・ストーリーです（笑）。

――ふくまるのように、猫になれたとしたら、こんなことをしたいという憧れのようなものはありますか？

草刈　やっぱりジャンプをしたいよね。時々、テレビで動物ものの番組がやっていますけど、驚いた時ってビョンと飛ぶじゃないですか。そういうハイ・ジャンプをやってみたいなと思いますけどね。

――華麗なジャンプが見られそうです。

草刈　（笑）ぜひ想像してください。おそらくこのドラマの中でも、ふくまるがビョンというのをやっていると思うんですけどね（笑）。そういう動きも見事ですから。それだけでも感心できるような。そして共演者の素晴らしい俳優さんたちがまた濃いキャラクターでやっているんですよ。１人ひとりのキャラが立っていましてね。普通な人が１人としていなくて、とてつもなく面白いんです。僕自身、現場でしょっちゅう笑っていました。

――ダンディーでカッコ良くて、どこかミステリアスな神田は、見た目からしても草刈さんにすごくマッチされていて。まさしく原作漫画のイメージ通りでもあって、出演の情報が出た時からすごく楽しみでした。

草刈　おこがましいんですけど、原作の漫画の表紙を見て、「あっ、これ俺だ、俺がやらなきゃ」と思ったぐらいで（笑）。見た目がね、何となく似ているところがありますよね。

――人柄の部分でも重なるところはありますか？

草刈　もうそっくりですよ（笑）。考え方がマイナス思考なところとかね（笑）。普通の方の感覚とは、ズレているところがあるというのも同じですし。でもそういう部分を仕掛けてやるんじゃなくて、あまり考えることなく、スッと素直にお芝居をすることができたんです。僕も変なところを持っていたり、神田さんとの共通点が多いからこそですよね。だから素直に演じられている気がします。

――今おっしゃったご自身の変なところ、というのは、例えばどんなところだったりしますか？

草刈　僕は、異常なほどの心配性なんですよ。それこそ僕の妻がね、僕に電話することってあまりないんですけど、その妻からかかってくるとドキッとするんです。悪いことしか考えられなくて（笑）。だから、「僕に電話する時は、まずは笑ってくれるか？」と言っていて。それからは「もしもし」と出たら、「はははは」と言った後に用件を言ってくれるんです（笑）。そういう風な決まりごとがあるくらい、家族から電話がかかってくるとドキドキしちゃうんですよ（笑）。

――（笑）すごくフラットに演じられていかれたという神田ですが、初めてふくまると出会った時、一瞬にして通じ合うようなものがお互いにあって。そうなれたのは、なぜだと思いますか？

草刈　何でしょうね、要するに言葉では説明できないような、そういうものとは違うところの繋がりというのかな。猫ちゃんとおじさまに感じ合うものがあったんじゃないでしょうかね。ふくまると目が合った瞬間ね、そういうようなレヴェルでの出会いだったんだと解釈しています。

――直感みたいな出会いというのは、草刈さんご自身はあると思いますか？

草刈　うん、そういうことはある気がします。僕が芸能生活を50年やってこられたというのも、ある種、人との出会いがあったからこそですよね。僕は、出会いがあったことで、コロコロと良い方向にいったり、とか色々とあったと思います。最初の僕の東京での出会いというのは、この芸能の世界に入ってすぐ、顔見せであるところにマネージャーさんと向かったんですけど、そこに偶然にもコマーシャル界ですごく有名な方がいらして。会社に1年に1日か2日くらいしかいない、ほとんどロケに出られている方だったんです。そしてその方が「下にスタジオがあって、カメラテストをしてあげるからおいで」と、カメラテストをしてくれたんですね。そのおかげで僕、大きな仕事が決まったんです。僕が50年やってきた中で、ターニングポイントとして、何度かそういった僕の人生が変わっていく出会いがあるんですよ。今回の神田さんとふくまるとの出会いは、それと同じようなことだと思うんですよ。考えられないような不思議なことってあるんですよね。

――それくらい幸福だと思えるような出会いというのは、今、50年という芸能生活の中で思い返していただくと、他にどのようなエピソードが思い浮かびますか？

草刈　何人かの方がいらっしゃるんですけど、それこそ最近では三谷幸喜さんですね。三谷幸喜さんと出会えたことで、また僕の人生を変えていただくきっかけになったということがあって。やっぱり長くやってるとそういう出会いがありますよね。本当にありがたいことだなぁと。

――この役者という人生の中で、草刈さんが大切にされてきたものはどういうものだったりしますか？

草刈　基本的なことは、遅刻をしないだとか細かいことはありますけど、若い頃からずっと思ってきたのは死ぬまでこの役者は辞めないぞ、ということですね。絶対この仕事をまっとうするぞ、という想いが昔からあったからこそ、50年もやってこられたんじゃないかなぁと。この世界だと山あり谷ありでね。でもそういうものに負けないで、最後までやり抜くぞ、という気持ちがありましたね。

――とにかくやり続けることが大事という。

草刈　うん、しがみつけ！と思いますね（笑）。

――そこまで強い意志で、役者を辞めないとずっと思えているのは何が原動力だったりするのですか？

草刈　僕はね、中学校を卒業してもう働き出したんですよ。で、その時の初任給が1万9000円でした。そして、東京にきてモデルをやるということになると、5万円くれると言うんです。これにビックリしましてね。そういった意味では、東京に行くのは経済的なことだけだったんです。俳優やモデルさんがどんな仕事をするのかということも全然分からなかったですから。で、俳優となってこれからどう転がっていくか分からない、売れていくのかどうかも分からない世界だけれど、入らせてもらったんだからどんなことがあっても辞めないと思ってきたんです。僕の場合は、若い時にど－んと行っちゃったもんですからね、おそらくこんなことは続かんだろうという風に僕自身も若いなりにね、感じていたんですけど。案の定10年もすると、ど－んと落ちてきまして。でも落ちようが何しようがとにかくこの仕事しかできないんだから。そうしてしがみつきながらもやっていくと、さっきもお話ししましたけど、紆余曲折ありまして、またね、晩年になってそれこそ三谷幸喜さんとお会いできて、素晴らしい作品をやらせていただいて。だから役者って面白いんですよね。ず－っと、辞めないでね、しがみついてきて良かったなという風に思いますよ。

――コロナ禍で大変な日々が続きますが、最近だと草刈さんはどんなことに活力を得ていますか？

草刈　活力はやっぱり家族ですよ。外に出ても、最近はあまり楽しい話もないですし。だから仕事で外に出るぐらいしかないんですけど。でも仕事からふと家に帰るとワンちゃん2匹が迎えてくれたり。そうやって家族がいてくれることが活力ですよね。今は本当にそれしかない。ありがたいもんですよ。

ドラマParavi『おじさまと猫』
監督／椿本慶次郎、副島正寛
原作／『おじさまと猫』桜井 海（『ガンガンpixiv』、月刊『少年ガンガン』スクウェア・エニックス）
出演／草刈正雄、神木隆之介（声の出演）、小関裕太、武田玲奈、平山浩行、高橋ひとみ、升 毅、他
毎週水曜深夜0時58分より〈テレビ東京〉他にて放送中。また、毎週水曜夜9時から〈Paravi〉にて独占先行配信中

坂本昌行

「もう50歳だから」と言って、年齢に見合った何かをチョイスするということはしたくないです

撮影　佐藤将希　スタイリング　柳田明子
ヘア&メイクアップ　浅野有紀　文　多田メラニー
衣装協力　LIDNM、CULLNI（Sian PR　tel.03-6662-5525）

敵対し合うイスラエル、パレスチナの指導者が和平交渉に合意し、1993年に結ばれた「オスロ合意」。その奇跡のような史実を元に描いた舞台『Oslo（オスロ）』は、2017年の『トニー賞 演劇作品賞』をはじめアメリカの錚々たる演劇賞を受賞した。そしてこの2月から、主人公の社会学者・ラーシェンに坂本昌行が扮し、日本初演がいよいよ開幕する。平和のために両国の会話を促し交渉を続けていくラーシェンの真摯な姿からは、しなやかでありながら、目的を見据えて事を成し遂げるという強い信念、そして人の心を動かすのはやはり人なのだという気付きがあり、戦争や政治が絡む難しい題材の中にも、血の通った人々のドラマを感じた。出演を決めた理由に「ラーシェンの人間力」と即答していた坂本。本読みを終えたばかりの熱い余韻が残る彼に、話を訊いた。

側から見たら間違っていることなのかもしれないし、合っていることなのかもしれないけれど、信念という軸を持つことは、本当にその人のパワーを引き出すものなのだなと、本を読んで強く感じましたね

――（取材時）先ほどキャストの皆さんと本読みを終えたばかりですが、いかがでしたか？

坂本　こういう史実を元にした作品というのは、知識がないとなかなかストーリーに入り込めないというのは往々にしてあるんですけども、この作品は史実を振り返るというよりも人間ドラマというか、人間が国をも動かす力を持っている。国よりももっと大きなお話、事実とは別のところでの人間の大きさというのがそこに描かれているのではないのかなと感じました。僕自身、「オスロ合意」についてはニュースで聞いて知ってはいましたが、よくよく考えてみると果たしてどんなことだったかな？という部分もあって。改めて知った時には、「さてどこから手をつけて、この作品を体の中に入れていけば良いのかな」と。不安というわけではないのですが、やりがいやドキドキ感を持ちながら、作品についてのお話を聞いていました。これから登場人物たちのお互いの関係性などを深く掘り下げて、作り上げていくことで、言葉では見えない確かなものが、きっと出てくるのだろうなと思います。あとは色々な言葉を使うので……戦争のことなど、台詞として言葉で説明すると非常に難しくなってしまいますから、お客様がどう観たら良いか分からなくなってしまうのが一番良くないですよね。なのでそれを超えるキャラクターの関係性や空気感というのが、特にポイントになってくるのかなと。「事実としてこういうことがありますが、こういうことなんですよ」という〝こういうこと〟の次の部分を、しっかりと作っていけたら良いなと思います。

――台本を拝見して、言葉の難しさもですが、坂本さん演じるラーシェンの台詞量の多さに驚きました。社会学者として平和を見出すために国同士の交渉に尽力をしていく役柄ですが、会話劇の要素がとても強いですよね。

坂本 そうなんです。今日の本読みの後に、演出の上村（聡史）さんとお話させていただきましたが、すごく明るい方という表現だとおかしいですが（笑）、演出家と役者という立場はなく、みんな同じ土俵上に立っているような話しやすさがありました。質問もしやすくて、答えていただいた内容もとても分かりやすく明瞭だったので、有り難かったです。ストーリーがどんどん動いていくスピード感や展開にもドキドキしますが、稽古場では、良い意味で明るく楽しくできるのではないかなと楽しみに感じています。ラーシェンの立場としては、前半は「自分が先頭に立ってやっていきましょう」という形ですが、進んでいく内にそこから一歩引いてみて、ちょっと場を和ませるような役割を担う場面もあって。時に茶々を入れてみたり（笑）。もちろん台詞も膨大ですし難しい内容を言ったりしますが、オフィシャルな場ではないところでのお芝居、双方のやりとりを聞いている時のラーシェンの芝居の方に重きがあるのだろうなと感じました。上村さんからも、「そういうところがはっきりと出てくれれば、ラーシェンという人間がより立ってくるのではないでしょうか」というお話をいただいて。僕としては分からなければ聞く、やってみてできなければまた聞くというスタンスなので、これから稽古場でどれだけ恥をかけるか？というところですね。演出の方が言ってくださる的確なダメ出しを、1つひとつ乗り越えていくしかないです。先程の話と少し重複しますが、上村さん然り他の出演者と、お互い演じている人物の立場、関係性というものを理解しておかないとそこで話していく意味がないというか。この作品はドキュメンタリー・ドラマなので、とにかくそこは重要になってくると考えています。

――先程おっしゃったように、シリアスな場面の中に軽妙な掛け合いが入ってくるので、ストーリーにも緩急がつきますよね。本読みでキャストの方々の温度が加わったことで、実際に見えてきたものや感じられたこともありましたか？

坂本　はい、やっぱり全然違いますよね。自分の中でイメージしていた登場人物とは全然違う切り口で、皆さんいらっしゃるので。声色だけでもその登場人物がなんとなく見えてくる瞬間でしたし。1人でラーシェンが話しているイメージをしてみると、どうしても限界があるじゃないですか。でもこういう風に、色々な人と関わってお話をしていくと、「こうくるかな」とイメージしていたものとは別の台詞回しとかが出てくるんですよね。非常に楽しい時間でもありましたし、色々なものに変わっていったら良いなと思いました。

――本作に出てくるイスラエル、パレスチナの関係のように、民族が違えば思想も違う人々を平和にまとめていくってとても難しいことで、ラーシェンは果敢にもそこへ踏み込んでいこうとします。坂本さんは長年、ミュージカルや舞台作品の数々にストイックに挑み続けられている印象があるのですが、それこそラーシェンのように、ご自身の大変さや苦しさを差し置いてでも、複雑な題材の『Ｏｓｌｏ（オスロ）』への出演を決められたのは、どういったところが魅力に感じられたのでしょうか？

坂本　それは、ラーシェンの人間力ですね。「世界を変える」、「国を動かす」というワードが出てきた時に、まず初めに口にする言葉は大抵「無理です」という否定の言葉になると思いますが……そうではないところの色々な切り口、真逆のやり方も考えていくラーシェンの視野の広さというのかな。そこが非常に、ラーシェンという人間の魅力に感じたんですよね。「ＮＯ」と言っている人が、次々と「ＹＥＳ」に変わっていく瞬間っていうのは、観ているお客様の心が動かされる瞬間だと思います。例えば、すごく怖い学校の先生が卒業式で泣いてくれると嬉しかったりするじゃないですか（笑）。どんどん変わっていって、すごく良い雰囲気が生まれる。この交渉を進めていった大元はラーシェンであり、妻で外交官のモナ（安蘭けい）であるんですが、そこに立ち返ると「できないことはないんだな」というか。ここまで信念を持って行動できる人って、なかなかいないと思いますね。もし僕がラーシェンのような人間であれば、もっとV6のリーダーとして前に立っていたと思いますが、そうではないので（笑）。僕の場合、言葉で示すというよりも、「人に言う前にまず自分で動け」という考えの人間なので、実際に自分が動いてみんなに何かを理解してもらうということですね。だからラーシェンから学ぶことも多いですよ。側から見たら間違っていることなのかもしれないし、合っていることなのかもしれないけれど、信念という軸を持つことは、本当にその人のパワーを引き出すものなのだなと、本を読んで強く感じました。信念を持つことで、必ず素敵な結果が待っていると信じられる。このコロナ禍の状況と必ずしも同じということではないですが、「ダメだ」と言っていても何も始まらないですから。その先に光があるし、その光のために僕らが見えていないところで、毎日頑張ってくださっている方達がたくさんいるということを信じながら前に行くしかない。なので、この作品を観てくださったお客様がどのように受け取ってくれるのかっていうのはありますけど、「人間成せばなる、できないことはないんだよ」という想いも少し感じてもらえたら嬉しいですね。

――これは坂本さんに対する勝手なイメージなんですが、「ちゃんと暮らしをしている人」というか……地に足が着いているという言い方も失礼なんですけども。

坂本（笑）。

――ステージに立たれている時はもちろん虚構の世界ですけど、ご本人には良い意味で幻想性がないというか。

だから今回のラーシェン役もすごく納得なんですよね。フェアリーな存在の人だと、真っ直ぐでリアリストなラーシェンを演じる上であまり説得力が出ない気がしていて。坂本さんはきちんと身の回りのことに目を向けたり、ライフ・スタイルへの意識みたいなものはありますか？

坂本　どうでしょう（笑）。でも「これはこういうルールですよ」と言われたことに「はい」と答えた以上は、もちろんやり遂げますけどね。

――プライヴェートだと、ご本人がルールになるじゃないですか。例えば何か決め事を作って、過ごされていたりとかは？

坂本　必ず1日の終わりにはビールを開ける、これは絶対に守らないといけないなって。

――なるほど……それは最重要事項ですね（笑）。

坂本　冗談はさておきですけど（笑）、実際は特に考えたことはないかな。これをやっておくと後から楽だなというところで、面倒くさいものから先に片付けるというのはあるかもしれないですね。

――坂本さんが面倒くさいと感じるものって、例えばどういう？

坂本　締め切りまでに文章を書き終えなければいけないとか。僕、文章を書くのが苦手なので、そういう仕事はなるべく後回しにしていたタイプだったんですが、自分が面倒くさいな、嫌だなっていう気持ちを抱えながら期日を迎えるよりかは、先に終わらせた方が精神的にも楽だと考えてからは、なるべく早く手を付けるようになりました。基本的には心配性なので、その心配を取り除くために色々と早めに行動をするようにしているかなと言ってもそこまで神経質にはならない程度にですけどね。あとはなんだろう、料理をするので、洗い物とかを先にやってシンクも洗ってしまえば、次に使う時に気持ち良いなとか。お風呂に入る前にご飯の準備だけして、あがってからチャチャっと作れるようにすれば楽だなとか。

――合理的ですね。でも、そういうところです！　私が坂本さんに感じた、きちんと暮らしを営んでいる人の空気感というか。めちゃくちゃ良い意味でなんですけど……。

坂本（笑）舞台の生活に入ってしまうと、さらに毎日のルーティンはちゃんとしてきますね。朝起きてからご飯を作って、出かける。朝ご飯を作ることでしっかり身体も目覚めますし、劇場に入ってからわざわざアップの運動を頑張らなくても良くなるので。だから逆に、精神的には楽をしているという感覚でしょうか。その分、作品に入るとずっとそのことばかり考えてしまうので、なかなか眠れないですし、プライヴェートと切り離すことも難しくなります。眠る前にもその日の稽古のことをなんとなく振り返っているので、うとうとしていても、すぐに起きてしまうとか。それの繰り返しなので、本番中はそんなに動いていなくても、少し痩せることもありますね。

――体力の消費だけではなく気持ちの面でも、常に張り詰めた状態になっているんですね。ところで、『ステッピンアウト！』は挑戦し続けることをテーマに掲げているのですが、年齢を重ねていくと新しいことにトライするにもついつい億劫に感じてしまいますが、坂本さんは新しい知識や感覚を取り入れていくために、積極的に行動はされていますか？

坂本　そこまで積極的にはなっていないですが、好きなものや興味があれば自然と目がいってしまいますね。たまたま自分の食べたいものを自分で料理していたら、番組で（『ノンストップ！』）料理コーナーをやらせてもらうことになったりしましたし。あとは……小学生の時に少年野球をやっていたおかげで、「ジャニーズ野球大会」に出られたりとか（笑）。とにかく興味があることは何でもやってみて、経験してみるものだなというのは感じます。逆に歳を重ねたことで、一歩引いてしまったこともあったでしょうし。どんなことだったか、具体的なエピソードは思い出せないですけども……僕は頭で計算して動くような器用なことはできないので、単純に何が良くて、何がダメだったのかということだけは考えています。

——ちなみに今、目標としていることはありますか？

坂本 いつまでも踊っていたいということですかね。年齢を経て踊れなくなってしまうと、それなりの役をこなしていくしかないというのが普通はあると思いますが、まだ誰もやっていないことをやるのが僕は好きなので（笑）。そこは争って、あえて誰もやっていないことを目指したいなと。今はチャレンジすることへの恐怖心はないですけど、もう少し歳を重ねたら出てくるんですかね。でも「もう50歳だから」と言って、年齢に見合った何かをチョイスするということはしたくないです。求められるのであれば、できる限りやっていきたいなと思います。

舞台『Oslo（オスロ）』
作／J.T. ロジャース
演出／上村聡史
出演／坂本昌行、安蘭けい、福士誠治、河合郁人、横田栄司、石田圭祐、那須佐代子、石橋徹郎、佐川和正、チョウ・ヨンホ、駒井健介、吉野実紗、相島一之、益岡徹
2月6日～2月23日〈新国立劇場〉中劇場、2月27日～2月28日〈東京エレクトロンホール宮城〉、3月3日～3月7日〈兵庫県立芸術文化センター〉阪急中ホール、3月13日～3月14日〈久留米シティプラザ〉ザ・グランドホール、3月20日～3月21日〈日本特殊陶業市民会館〉ビレッジホールにて上演

西川美和

その答えの出なさこそが迫力だと思っていますし、得体の知れないものを受け止めていく、ということが、生きていくっていうことじゃないですか？

撮影　志村颯
文　堂前茜

「どうしたら世の中が良くなるかなんて私、分からないです。もう少し考えて映画を撮った方が良いのかもしれない。だけど、人間を描いたら社会が映るから。この映画はその最たるものだと思います。人から無視されたり、社会の端っこにいる人を書けば、社会がそこから見えてくる。人が忘れていることを書きたいなと思います」——ある問いに対して、西川美和監督はそう答えてくれた。映画『すばらしき世界』で役所広司が演じた三上という人物を介して見えてくるのは、すばらしい世界だろうか？　映画自体が疑問を投げ掛けることは、決してない。観た人間が自ずと己に是非を問うこととなる。どう生きるかを考えた時、我々に必要なのは、答えを求めるのではなく、問い続けることではないか。その胆力が今の我々にあるだろうか？

余計なことは言われないし、自分の力を誇示しない。ただ映画としてどうあるべきか?ということだけを考えながらさらなる高みを目指している

——まずは映画が仕上がって、どのようなことを感じられていますか?

西川 これまでとは違うものを作れたなという充実感がありますし、これまでの布石があってのものなのかなとも思います。いろんな脈絡があって生まれた作品だという風には思っています。

——映画の原案となる佐木隆三さんの小説自体、フィクションとノンフィクションの具合とか、すごく面白いんですけども、やっぱり、事実は小説より奇なりと言いますか、事実の重さっていうのがそれを支えていて。この映画も、エンターテインメントとして成立しつつも、あくまで我々の世界と地続きの世界を描いている、という点が素晴らしくて。まったく、他人事には思えず、いろんなことを考えさせられました。

西川 佐木さんがどういうテーマ性を持ってこの話を書かれたのか結局は分からないけど、人間存在というものの複雑さや不可解さみたいなものをそのまま追求されていて、良いも悪いもなく、とにかく記録していかれたんですよね。その答えの出なさこそが迫力だと思っていますし、得体の知れないものを受け止めていく、ということが、生きていくっていうことじゃないですか?　なんでも分かりやすく、良い悪い、善人悪人に括って済むのはフィクションの中だけ。もちろん、現実がそうならないからフィクションの中だけでもと夢を託すのはわかりますし、そういう娯楽物がたくさんあってしかるべきだとも思っているんですけど、かと言って世の中が分かりやすく括れるものにはならないですよね。フィクションと現実とはやっぱり違いますからね。はるかに複雑で難しい、それが大前提だと思います。白黒つけていない佐木さんの人間の描き

方に、私は若い頃から共感があったので、そういうのをきちんと映画にしつつ、さっきエンタメという風に言ってくださったけど、広く人に伝えていかなきゃ元が取れないのが映画なので（笑）。「そんな単純な話じゃないよ」って佐木さんには怒られちゃうかもしれないけれど、自分なりに映画らしく展開をつけさせていただいたところもあります。

―― この映画も、社会の表と裏をしっかりと描きつつも、その是非を問うような表現はしていませんよね。むしろシンプルに感情が揺り動かされる場面が多かったです。例えば、六角（精児）さん演じるスーパーの店長が、「万引きしただろ」と三上を問いただしますが、自分が間違いだと分かった時に頭を下げて謝るシーンがありました。自分の非を認めてしっかりと謝る――間違いを認めて謝るのは当たり前なことかもしれないですが、その真っ当さに胸を打たれました。こんなにも普通のシーンにグッときてしまう背景は今の世の中なんですけども。

西川 そう、まともですよね。でも今聞いていて、本当にその通りだなと私も思いました。そんな当たり前のことが主人公にとってもすごく感動的なんです。普通の人が普通にしてくれること。ちょっとした親切や、自分の誤りを認めてくれること。六角さんの店長もそうですが、非常に冷たい印象だったケースワーカーが、自分の言い方が間違っていたと、頭を下げてくれる。そういう真っ当な対応に三上はこれまで触れたことがない人だから、世の中を疑っているし、戦闘体制なんです。そしてたったそれだけの人間らしさに触れるだけで、彼の人生はすごく彩られていく。そうやって人を信じていくっていうプロセスなんですよね。「周りの人が良い人過ぎる」というような批評が、佐木さんが出版された当時にあったそうですけど、良い人っていうか、普通なんですよね。真っ当なんですよね。その１つひとつがかけがえのないことだと観ていただけると嬉しいです。

――西川監督はそんな店長に対して、三上に「偽善者ぶりやがって」という台詞を後に別の場面で言わせたりもしています。言った三上が後悔するところまで描かれますけども、そうやって次々と、ちょっとした出来事で心情が転がっていく三上から目が離せませんし、監督ならではの筆致だなと。加えて、観ているこちらが「あぁ良いシーンだな」ってしみじみと感じるだろう、夕暮れ時の橋の上の三上の表情から一転して、祝いの席で梶　芽衣子さん演じる身元引受人の妻の生歌がいきなり始まったりするじゃないですか。映画全体のテンポも変にスムーズでなく、良い意味でデコボコしていて、非常に面白かったです。

西川　恥ずかしいんですよね（笑）。無意識の私のテンポみたいなものだと思います。そういうシーンになりそうになったら終わらせて次の幕に行かせるっていう。いろんなものに浸らせてくれるほど現実ってロマンチックじゃないし。あと、三上の周囲の人たちも、善意でものを言っているんですけど――善意というか彼のことを思って正論を言っているんだけど――その正論が本当に正論なのか。大声で正論を言う人たちの言う通りにすることが彼にとって本当に良いことなのか。ちょっと雲行き怪しくなるシーンですからね、あの辺りから。

――この良い雰囲気のままエンディングに向かうのか？　あー、まだ続くのか……ってハラハラでした。

西川　そうでしょうね。「終わらせてもらえないな、これは」って思いますよね。私の作品を観てきてくださった方は、あの辺から怖い予感がしてた、ともおっしゃいますね（笑）。

――いやもう本当に怖かったです。頼むこのまま終わってくれという気持ちと、続きが観たい気持ちと同時に、そこまで三上に肩入れしていたんだって思いました。で、やっぱり、役所さんの三上が見事でした。

勝手ながら、本当に底が知れない役者さんだと思っているのですが、例えば『孤狼の血』みたいなある意味わかりやすい役柄をやっても、「あの人、何だったんだろう？」という物悲しさと不可解さが残ったりする。『三度目の殺人』にしても、あくまで器、人の気持ちを忖度してしまう入れ物のような役を演じられましたが、役所さんご自身がまさにそうというか、人間の感情や監督の意図を全部理解して正解を叩き出してしまう怖さがある方だなぁって。

西川　本当に分からないですね。分かるって言うと不遜な気がします（笑）。役の性格は役所さん本人とは異なるはずなのに、その人生を生きてきたとしか思えない芝居になっている。モノを調べまくったとか、役作りしまくったという話も聞かないし。あの身体の中で何がいったい行われているんでしょうね？（笑）。本当に、分からない。

――『CURE』も、実はちょっと虚無感があるというか、入れ物感のある役柄で、そういう役を引き寄せる役所さんって何なんだろう？と思っていたら、『すばらしき世界』では実に色鮮やかな人間を演じられていて。『三度目の殺人』の器に魂を入れるとこうなるんだっていうか、こんなに活き活きした役所さんは久しぶりに観たというか（笑）。すごく血の通った役ですよね、三上という人間は。

西川　……あー、でも、そうかぁ。近年の役所さんは、ウィークポイントがある役をあまりやられていなかったかもしれないですね。個性はみんな豊かですけど、欠点、弱点がないというか。だけど今回は、みっともなくて、ウィークポイントの塊みたいな主人公ですから（笑）。

――すると途端に色々出てきたというか。だから役所さん、余計に凄いっていう話なんですけども。

西川　でも元々は好きじゃなかったみたいです、この役が（笑）。「すごく嫌な奴だなと思った」と話されていたのを取材の時に間接的に聞いてびっくりしたんです。私は大好きだったからこの人が。大好きだからこそ役所さんにお話を持っていったのに、「あー、全然捉え方が違ったんだ」と思って（笑）。

——（笑）役所さんに先日インタヴューをさせていただいたのですが、良い意味で、役と距離感があるなぁと思いました。あくまで短時間での取材の範囲では、ということですけども。

西川 本当にそうだと思います。「用意スタート」をかけた瞬間に、憑依するとかじゃなくて、それが普通に出てくるんですよね。で、カットをかけたら別人になるでもないんです。面白かったですね。どういうカットを撮っても同じような印象を持ちました。激しい場面もそうだし、コミカルな場面でも、「よくこんなにおかしな挙動ができるな」と思ったりして（笑）。求められているものを分かっていらっしゃるのでしょうね。

——『ゆれる』の時の香川照之さんが「この役はまさに俺だ」と。西川監督に見透かされていたような気持ちになったと書かれている本を読んだことがあります。そんな西川さんでも役所さんは謎なんですね。

西川 （笑）いや、私は人の本性なんて分かっていないと思います。「この人がやればそう見えるかも」という感覚は職業柄、備えているつもりですが、香川さんがどんな人かなんてほんとのところはさっぱり分からない（笑）。ただ香川さんがやれば面白いだろうというだけでキャスティングしたのですが、香川さんはあの役を自分自身だと思いたがっていた。「じゃあ、その思いを生かそう」っていう。役所さんにおいては、ことヒントがなかったです。だけど、ある意味とてもシンプルな演じ手なんですよね。自分自身を役に投影するとか、自分と役がリンクするとか、そんなことは関係ない、そんなことが重要なのじゃなくて、この役がどうあるべきなのか？ということだけを、誰よりも時間をかけて積んでおられるんじゃないですかね。だから何のパフォーマンスもないんです。監督や共演者を驚かせる芝居をしたり、「今のどうだった？」と反応を求めることも一切ない。ポーズとしてないんじゃなくて、そうあるべきだとそもそも思っていない様子なんですよね。その上演技の質だけでなく、立ち位置、動き、全ての約束事が完璧ですからね。すべての俳優の鑑のような存在の人だと思うし、俳優は役所さんとやるとものすごく気が引き締まると思いますよ。若い世代もそういう領域を目指してもらいたいと思いますよね。で……やっぱり映画俳優ですよね。フレームを切った時の画の決まり方が、実に映画らしくなるんです、役所さんって。

――撮影が笠松則通さんでした。笠松さん、すごいですよね。いかがでしたか。

西川 ちなみに、笠松さんの撮影のどういうところがすごいと思われていたんですか？

――単純に画作り、人物がカッコ良いっていう印象がすごくあったのと、フォーカスがすべて合っているというか、それこそ、役所さんじゃないですけど、すべてにおいて正解を叩き出しているというところでしょうか。

西川 そうなんですよね。これ見よがしじゃないところも笠松さんが素敵だなと思うところですが――笠松さんが構えられた時、1つ注文をつけるとしますよね。「もう1つ寄ってください」と言ったとしたら、「寄るとですね、この動きの時にこうなっちゃいますけど」って破綻が起きるのを見越されているんです。すべての動きを見た上でレンズも選んでいるし、そこに構えているんです。だから「失礼しました、元に戻してください」ということもありました。ただ、笠松さんも「今回、本当に楽しかった。久しぶりに映画を撮っている感じがしました」と言ってくださったんです。役所広司さんの芝居を撮るという楽しみ。あれだけのキャリアですが、役所さんとは『タンポポ』で笠松さんが田村（正毅）さんの助手としていた時以来だったみたいで、すごく楽しみにしておられました。役所さんも笠松さんに言わせれば、「こっちのフレームを分かった芝居をしてくれるね」とおっしゃっていたから……長年培ったものがある同士の良い仕事を見せてもらえる現場だったと思います。お2人ともタイプが似ているんじゃないかな。余計なことは言われないし、自分の力を誇示しない。映画としてどうあるべきか？ということだけを考えながら、さらなる高みを目指している。

――映画が一番だと思いながらも、自分のことで手一杯になってしまったり、自己表現に走ってしまうというか……役者さんは自意識が強く出てしまうこともありますよね。

西川 それはありますよね。全然悪いことじゃないと思うし、そうしながらみんな、自分の中のものを出してくれるから、それはそれで良いと思いますけど、主役があれだけ現場で何も聞かないとね、他の人は聞けないですよね（笑）。だから私は現場で楽をさせていただきました（笑）。

©佐木隆三/2021「すばらしき世界」製作委員会

『すばらしき世界』
脚本・監督／西川美和
原案／『身分帳』佐木隆三〈講談社文庫〉
出演／役所広司、仲野太賀、梶 芽衣子、橋爪 功、六角精児、北村有起哉、白竜、キムラ緑子、長澤まさみ、安田成美、他
2月11日より全国公開

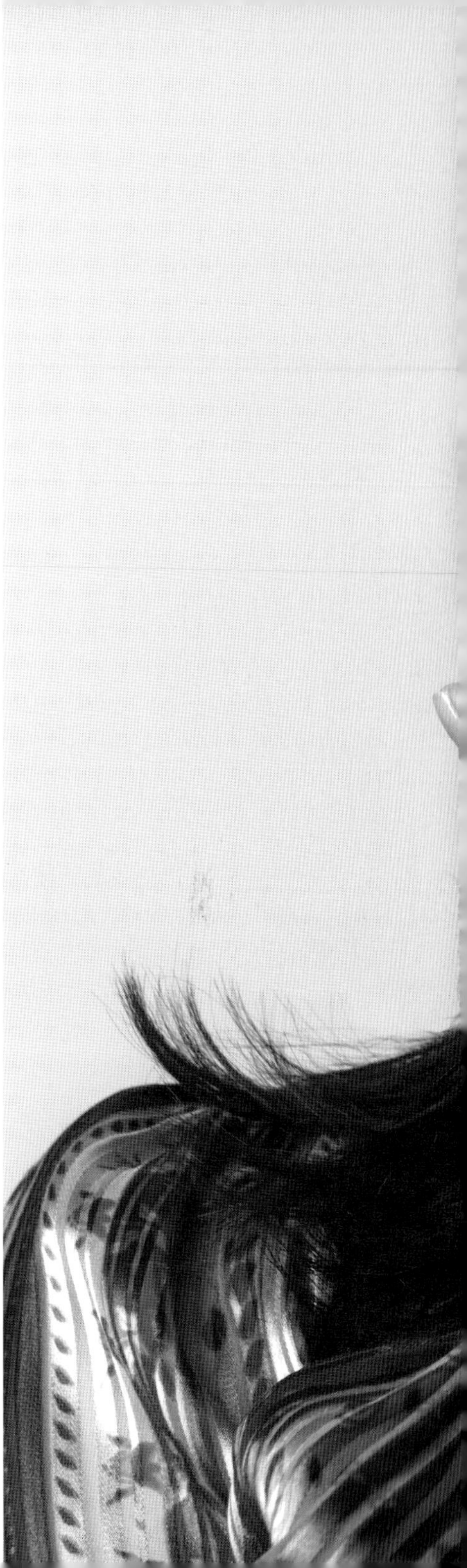

菅野美穂

撮影　岩澤高雄（The VOICE MANAGEMENT）　スタイリング　遠藤和己
ヘア&メイクアップ　布野夕貴　文　松坂愛

今はハッキリとは分からないかもしれないけど、後々自分の子どもたちが振り返ってくれた時に、伝えられるもの、残せるものがあるかもしれないと思うと働く背中を見せるのも大事かなと思います行動や会話、仕草など、それぞれが愛おしくなる。そんな心がほんわかする要素が詰まっているのが、菅野美穂が主演を務めるドラマ『ウチの娘は、彼氏が出来ない!!』〈日本テレビ〉系だ。菅野が演じるのは、シングルマザーの恋愛小説家・水無瀬 碧。彼女の悩みは恋愛小説の女王とまで呼ばれた自分なのに、その娘・空（浜辺美波）に一向に彼氏ができないこと。一方、娘の悩みというのも世間知らずで天然の母のことだった。そしてひょんなことから、この友達関係のような母と娘が「私たち、恋をしよう！」と決意を固めていく。本作について菅野はしきりに「軽やかに」と述べた。コロナ禍で気を張る日々が続くけれど、彼女自身が元々持つニュートラルさも相まって、この作品を通し、影を潜めていた日常の「楽しい」に出会えるように思えてならない。オンライン上のインタヴューでも、屈託のない笑顔を浮かべる菅野を見て、その予感がより一層強まった。

ドラマの役割が変化したところもありながら、人にエールを送れる仕事であるんだということは変わらないんだなと感じています

――脚本が北川悦吏子さんということで、クスッと笑ってしまうようなユニークな内容になっていますが、まず最初に台本を読み終えた時はどのような気持ちが湧きましたか？

菅野　北川悦吏子さんのお書きになる脚本って、本当に音符をまとっているんじゃないかなという感じがするほど、生き生きとしていて。で、他の脚本家さんと書き方が違うというか、「……」があえてなかったり、「あ、耳で聞いたことがあるな」ということを脚本に写されている感じがします。北川さんは、かつて私が『イグアナの娘』という作品をやっていた時に、『ロングバケーション』をお書きになっていたんですよね。同じクールだったと思うんですけど。それが20何年前かで、もうご一緒できる機会はないだろうなと思っていたので、今回、連続ドラマでご一緒させていただけるというのは本当に嬉しいです。

――物語の中心となる水無瀬家は、母と娘、友達のような親子でなんでも言い合えたり、笑い合えたりしていて。それが今の時代ならではで温かさやリアルさがあるなと感じました。

菅野　私と母の親子関係は、いわゆる昭和の感じで、まったく違うので羨ましいなと思いました。会話も自分が母としてきたものとは全然違っていて、親子喧嘩ですら爽やかに感じるところがあるというか。浜辺さん演じる空ちゃんと、碧さんの口喧嘩のシーンは喧嘩というより掛け合いみたいな、コンビのじゃれ合いに近いんです。自分の娘とも、こういう風になれたら良いなと思いましたね。

――そういう2人のじゃれ合いに、観ている側はすごくほっこりさせられそうです。

菅野　空ちゃんは、これまで世の中に向けたことがないような浜辺さんの表情が出る役なんじゃないかなという予感がしていますし、浜辺さんのそういう部分を南雲（聖一）監督が魅力的に引き出されるんじゃないかなと思っています。そして私が演じる碧さんは、ちょっとバブルっぽい雰囲気というか、イケイケでマイペースで、パワフルなところがあるので、ほっこりもするんだけど、面白いドラマになるんじゃないかなと。思っていた以上に、ホームドラマ的な雰囲気もあって。本を読んで、自分自身も良いなと思った作品でもあるんです。

――娘役を演じられる浜辺さんは、菅野さんの印象として「パッとみんなを明るくするような、つられ笑いをしちゃうような素敵な笑顔や雰囲気をお持ちの方」とおっしゃられていました。菅野さんは浜辺さんとお会いした印象というといかがでしたか？

菅野　浜辺さんとは、今日、お会いするのが3回目なんですけど、イメージ通りの真面目さがあって、それでいて話しやすくて助かっています。親子喧嘩のシーンは、ある意味、浜辺さんと菅野で息を合わせながらやっていく必要があると思うので、今からすごく楽しみですね。

――2人をとりまく人たち、共演者の方々も濃いメンバーで。岡田健史さん、[Alexandros]の川上洋平さん、有田哲平さん、沢村一樹さん、中村雅俊さんという方々が名を連ねています。

菅野　[Alexandros]の川上さんは、初めての演技だとおっしゃっていたんですけど、すごく自然で。物語での川上さんが困っている姿とかは、女子が見てキュンとくるようなところがあるんじゃないかなと。アーティストとしての川上さんとはまた違った一面が引き出されていると思います。沢村さんは同じ事務所の先輩なんですけど、「さすが」という安心感があって。ご本人も軽快に楽しんでいる感じがします。あと、岡田さんは、二面性のある役なんですよね。軽くてチャラくもあり、オタクっぽくもあり、というか。そういうところも北川さんは、上手く描写されているなと思って。中村雅俊さんは、もう素敵ですよね。温泉につかって「はー」と言っているシーンだけでも、重みが違うというか（笑）。さりげない一言でも、表現として生き生きしている感じがすごくあって。有田さんはね、内緒です（笑）。

――（笑）菅野さんが演じられる碧は、思ったことはすぐに口から零れてしまう賑やかでパワフルなところがあって。自由奔放なのかな？というイメージなのですが、碧という人物に関してはどのように捉えていますか？

菅野　規格外というか、1人1ジャンルの女性だなと思います。でも自分が傷ついているのをよく喋ることでごまかしたり、私よりも繊細な感性を持っていて。それと1人で娘さんを成人まで育てあげたというのは、並々ならぬ苦労があったと思うんですけど、それよりも娘を愛しいということの方が勝っていて。「愛しい」だけで大変なことも乗り越えちゃった人なんだろうなと思って、それはすごいことだなと思います。精神的には繊細というか、打たれ弱いところがあるけれど、強いところも持っているという女性なのかなと。そしてよく喋るところは、当て書きな気がしているんですけど、碧さんは言うことが面白くて、どんどん喋ってほしいなと思っています（笑）。「イケメン？　髪が目にかかっているだけじゃないの？」とか、結構長い間1人で喋りに入るくだりがあって。自分としては、「この話はこれが宿題だな」と思いながらお芝居をしていますね。

――明るく見えて繊細さがあったりと、色々な面がある碧の役を演じるにあたって、どんなところが一番の手掛かりになっていますか？

菅野　北川さんとオンライン上でお喋りさせていただいたんですけど、その時の会話が結構手掛かりになっているなと思います。あとは、会話劇なので自分だけでできるものじゃないなとも思っていて。役の内面として「ここはこう気をつけよう」とか「ここは保とう」というところは守りつつも、現場でみなさんとの掛け合いの中で、抜けが良い演技ができればいいなと。そこを心掛けてやることの方がこの作品には合っている気がしますね。北川さんの本って、爽やかで、風が吹いているみたいな感じで。自分が力を込めて何かを添えるぞとか、肩に力を入れて演じるような感じじゃないなと思っているので、逆に頑張り過ぎないように気をつけなきゃいけないなと。北川さんの本の雰囲気を大切にして、軽やかに演じられたら良いなと思っています。

――ある時、母と娘が「私たち、恋をしよう！」と決意する、というお話でもありますが、今、お子さんだったりとかに、「恋」というものを言葉で説明するとしたら、どのように伝えようとしますか？　人によって、もしかしたら、「儚いもの」とか「苦いもの」、「優しいもの」とか違っていると思うんですけど。

菅野　子どもに恋を説明するなら――「誰かのことを大切だなぁとかもっと会いたいなぁとか、もっと一緒にいたいなぁ、もっと遊びたいと思うような子がいたら恋だね」と言うかなぁ。

――物語の中でどんな恋模様が描かれるのか、とても楽しみです。今回、主演としては約5年ぶりの出演になられるということで、率直にどのような心境になられているのだろう？と。

菅野　5年ぶりと聞くとやっぱり間が空いたなという気がしますし、実際、その5年の間で世の中が大きく変わっていて。自分自身は子どもがまだ小さいこともありまして、新しいネット配信のドラマとかも経験がなくて。間が空いた分だけ世の中が変わっているから、追いついていけていないところもあって、そこはちょっと浦島太郎感があるんですけど。また２０２０年はコロナ禍のこともあって、ドラマの役割が変わってきている気もするし。こういうオンラインでの取材も初めてなんです。こんな時代になるとはなぁと、今、思っているんですけど。でも外出自粛期間で、物語の力が人を励ました部分というのが大きくあったとは思っていて。役割が変化したところもありながら、人にエールを送れる仕事であるんだということは変わらないんだなと感じています。それに今回は、水曜10時の連続ドラマで出させていただけるというので、安心というか、自分のかつての経験も少しは頼りになる部分があるのかなと思っています。

――キャリアを重ねられた今、お仕事においての気持ちの変化はどのように感じていますか？

菅野 今は、子どもがまだ手が掛かるので、どんどん変わっていく時期でもあって。そういう子どもが変わっていく時期に離れて撮影に入るというのは、「うーん」という考えもあるんですけど。でも人生を長い目で見ると、いつかは育児も終わるし、その後もきっと自分の人生は続いていくし。今はハッキリとは分からないかもしれないけど、後々自分の子どもたちが振り返ってくれた時に、「あの時、お母さんは仕事をしていてこうだったんだなぁ」と思ってもらえるような伝えられるもの、残せるものがあるかもしれないと思うと、働く背中を見せるのも大事かなと思っています。今日、インタヴューをしていただいている中で気がついたんですけど、久しぶりの連ドラなのに緊張感がまったくなくて。というのは、日々に精一杯ということだと思うんです。以前だったら、自分の人生で連ドラで、しかも久しぶりだったら、本当にすごく緊張感があったと思うんですけど。今は家に帰ると常に明日の準備とか考えることで頭の中が忙しくて、分かってはいるんですけど、緊張感を感じるところまで考えが及ばないというか。でもそれは、これまでなかったことなので、今までと違った向き合い方で、連続ドラマに向き合えるのかなと思っています。限られた時間でどれだけできるかという勝負という感じなんですけど、ある意味、今回はもうすでにそこは諦めていますね（笑）。ただ、そうやってやんわりと役の雰囲気を纏っている方が、世界観がハッキリとある北川さんの脚本というこの作品にはすごく良いのかもしれないと思って取り組んでいるところです。

『ウチの娘は、彼氏が出来ない!!』
演出／南雲聖一、内田秀実
出演／菅野美穂、浜辺美波、岡田健史、福原 遥、中村雅俊（特別出演）、川上洋平、有田哲平、沢村一樹、他
毎週水曜夜10時より〈日本テレビ〉系にて放送中

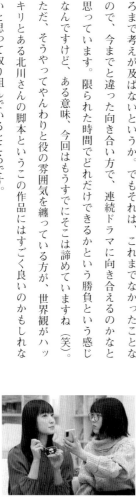

峯田和伸

撮影　岩澤高雄（The VOICE MANAGEMENT）　スタイリング　入山裕章
文　多田メラニー
衣装協力　Sasquatchfabrix.、wonderland、Onitsuka tiger

周りで苦しんでいたり、傷付いちゃう人もいるかもしれなくて。だからそういうのも視線には入れながら……それでも自分のやりたいことは貫きたいな、みたいなところはあるんですよね

岡本かの子の短編小説集を台湾人のグオ・チェンディ監督が映像化した映画『越年 Lovers』は、台湾、日本、マレーシアの年越しを背景に3つの街の恋人たちを描くラヴ・ストーリー。国もシチュエーションも登場人物たちの年齢も全く異なる3つの物語だが、共通するのは不器用な男女が紆余曲折を経て互いの心を通わせていく、スロウでノスタルジックな心地良さだ。日本パートでは、初恋相手の碧（橋本マナミ）と地元・山形で数十年ぶりに再会するも素直に想いを告げられない寛一を、峯田和伸が陰影豊かに演じていた。朴訥としているが、言葉の行間からは寛一の優しい人となりが溢れ出ている。もどかしさを抱えながら語る峯田のネイティヴな山形弁も手伝って、日本パートは特段、純情でロマンティックな物語に感じられた。

しょっぱさの加減が良い感じだったというか、おしゃれに見えましたね

――今日は峯田さんにお見せしたいものがありまして……『ステッピンアウト!』の兄弟誌で、峯田さんに表紙に登場いただいた、『バァフアウト!』2004年1月号なんですけど。26、7歳頃の峯田さんです。

峯田 う〜わ、やっぱ! 覚えていますよ、この時のこと。映画『アイデン&ティティ』のみんなとね。懐かしいな。全然慣れていない感じのメガネとか、洋服とか着てさ(笑)。俺この時は、人に言われたことはすぐに聞いていたから、「これ着てください」って言われたら大人しく着てた(笑)。(テキストを読んで)そうそう、髪の毛も自分で切っていたんだよね。なんかすごい恥ずかしいな……汗かいてきたんでしまってください(笑)。

――(笑)写真を見ると、峯田さんのピュアな瞳がこの頃と今もまったく変わっていなくて。『越年 Lovers』を拝見した後だったので余計にそう感じたのかもしれないのですが、演じられた寛一はご本人と近しい存在だとおっしゃっていましたが、本当にご本人の延長線上というか、そのものにも感じられる役柄でしたね。

峯田 台本を読んで、「こういう部分が自分にもあるな」と思っていたので、そこを引き出していこうという作業でした。自分の中にないものは、出そうと思ってもなかなかできないですから。

――ご出身の山形弁を使ってのお芝居というのも、親しみやすさがありました。

峯田 例えば関西出身の役者で映画とかドラマに出る時、いっつも関西弁の人っていません? ああいう人ってやっぱり、標準語でしゃべると自分の良さが出ないと分かっている人だと思うんですね。だから台本は標準語で書いてあってもそれを変換して、カメラの前では自分なりに咀嚼して関西弁で言っているんじゃないかな。だけど東北言葉をしゃべる人、東北出身の人って、なかなかそれができなくて。イントネーションとか標準語

にするレッスンを受けて、なまりを消す方向でやっているので、100%素の自分の感情が乗るわけではないと思うんです。でも今回は、地の山形弁で、素の感情を乗せることができたので結構楽でしたね。

――台湾、マレーシアのパートが色彩的にも鮮やかだったので、2つの物語の間に入る山形のパートは雪景色が多く視覚的にも寒々しさを感じますが、ポッと火が灯るような優しさもあって素敵な映像でした。

峯田　北欧映画のようでしたよね。完成作を観る前、山形のパートはもうちょっと、しょっぱさが出るのかなって思っていました。日本人の監督が山形を舞台にして、山形弁を話す役者を使うとしたら、もっと東北ならではのしょっぱさというのが出るから、今回もそういう感じになるのかなって思って。そうしたら、台湾の方が撮ったというのも関係あると思うんですが、しょっぱさの加減が良い感じだったというか、おしゃれに見えましたね。東北って俺の中のイメージでは、湿っぽくてしょっぱくて、温かいみたいな。でもそれに寄り過ぎず、ちょっとドライなところがあったのが面白かったです。

――しょっぱさ……なんとなく理解できるんですが、もう少し具体的に教えてもらうとどんなことですかね？

峯田　なんて言うんだろうなぁ、もうちょっと、ベタベタと肌にくっつく感じというか。関西ってうどんの味付けとかもそうですけど、あっさりしているじゃないですか。でも山形とか東北って、味付けも濃いし、しょっぱいし。どうしても寒いからそうなるんだけども。あの感じが好きなんだけど、どこか嫌いでもあって。だから俺は、東京に来ているんですよね。なんかあれがどうしても、思春期を迎えた頃は耐えられなくて嫌だなって思ったこともあるし。だから東京に憧れて――そういう部分がこの映画では出過ぎていないとこが良かったんだよなぁ。分かりますかね？

――映像を思い返しながら聞いていたら、分かってきた感じがします。原作の岡本かの子さんの作品は情景描写がとても綺麗ですが、映画でも原作が持つ詩的な美しさが素敵に投影されている印象でした。

峯田 そうですね。岡本さんの作品によるものか、それともグオ（・チェンディ）監督によるものなのかは分からないんですが……目線というんですかね、すごく気持ち良くて。隙間がある感じ、べったりしすぎない距離感が好きでした。例えば大事な台詞を話すシーンも、日本だと話している役者にカメラが寄ると思うんですが、監督は引きで撮影するんですよね。そういうところが良い感じだなと思いました。

――寛一が碧の家でお雑煮を食べているシーンが特に好きでした。峯田さんがピュアの権化みたいな存在で。

峯田 権化（笑）。「あのシーン良かったです」っていうのは結構言ってもらうんですよね。

――あの時の峯田さんの表情って狙ってできるものじゃなくないですか？

峯田 どうだったかな、でも最初は狙っていたんじゃないかな。あのシーンの撮影は、おもちを何回も食べていたのでお腹もいっぱいだし、だんだん演技どころではなくなってしまって。だけどテイクを重ねていくと、最初はこうやろうかなとか考えていたものが、だんだんと削がれていって、素っぽくなってきたというか。

――削がれて残ったものがあの表情って、素敵すぎますね。しかし監督は、なぜ何回も撮られたんでしょう？

峯田 記憶を辿ると監督はどのテイクも喜んでいて、「違うものをもう1回」じゃなくて、「このテイクも良かったから、ちょっと違う種類のものもやってみてください」っていう感じでしたね。監督は監督で、このシーンに役者が入るとどうなるのかなと現場に入って、僕ら2人の感じを見て本番をやってみたら、ちょっと思わぬものが出たというか。だからもう1回、もう1回ってなったんじゃないかな。

――お芝居の自由度が高いというか、監督のディレクションも細かくは入らなかったそうですね。

峯田 シーンの設定や説明は最初にもらうんですけど、「1回自由にやってみて」と面白がってくれる監督でした。

言葉が伝わらないというのもあったと思うんですけど。通訳さんがいない時は片言の英語とかで会話をして。

――初恋の碧のことを数十年忘れず、綺麗な宝物のように想い続ける寛一に共感する人もいると思いますが、東京で働いて色々な人と出会いがある中、こんなにも1人のことを想い続けられるものなのかな？と考えてしまって。素朴で真っ直ぐな寛一だから成立することなのかもしれないのですが。

峯田 俺もあんまり、寛一みたいな経験はないですね。地元にずっと好きだった人はいましたけど、その人をずっと想ってとかは……最初の2、3ヶ月くらいはあったかもしれないな。でも東京で好きな人が新しくできてという感じだったから、初恋に対してそこまで綺麗なまま形を残すことはできないというか。珍しいんじゃないですかね？　寛一のようにここまで初恋を引きずっているというか、頑なに山形に帰らないところも含めて。だけど割り切って〝東京の自分〟にもなれないみたいな。どこか心に蓋をしていて、新しい恋愛にも踏み込めない。でもそういう人、たまにいますよね。なんていうんだろうな、そういう人って。

――寛一なりに生き辛さはあったんですかね。

峯田 どうなんでしょう。でもどこか、生き辛さはあったかもしれないですよね。東京では仕事を普通にこなして、けど会社の飲み会には行かないみたいな（笑）。人が良いから仕事とかも押し付けられていただろうし。全然そういうタイプじゃないなぁ、俺は（笑）。「はい、これやっておいて」ってすぐ頼んじゃう。

――（笑）。先ほどピュアの権化と言いましたけど、冒頭の瞳が変わらない話も然り、峯田さんってピュアという表現が一番しっくりくるんですよね。ご本人は意図していないのかもしれないですが、どうしたらそんなに素直に生きられるのだろうと思って。

峯田 どうですかね。わがままに生きているとは思うんですよね。例えばバイトだったらチーフがいて、その人の言うことを聞いて仕事するみたいなのがあるじゃないですか。そういうのを全然通ってこない人生だったから……それが悪いことだとも思わないけども。最初から「音楽をやるんだ」って決めて、1年に1枚みたいな契約もせず、作りたい時に音楽を作って、ライヴもやりたい時にやるっていうのをずっとやってきたので、仕事に関してはどうしても自分本位な感じになっちゃっているかな。自分がリーダーで、自分がプロデューサーみたいな立場でやってきた分、我慢しない生き方というか。まぁ、どこかで我慢している部分もあるんですけど、基本的には自分でプランを立ててずっとやってきたので、変なストレスもなくきちゃったかなと思いますね。それが人によっては「動物的だね」って言う人もいるし、そこじゃないですか？

――自分本位でも許される人っているじゃないですか。たぶん峯田さんがわがままを言っても、納得できるだけの材料が揃っているように思うんですよね。思い付きで言ったことも最終的にはすごく良い形になるのが分かるとか。最悪どうしようもなくなっても、なんだか峯田さん楽しそうだしOK、みたいな（笑）。

峯田　いやいや、だめでしょう（笑）。なんだろうな、ピュアってパッと見はポジティヴな言い方だけど、その分周りで苦しんでいたり、傷付いちゃう人もいるかもしれなくて。だからそういうのも視線には入れながら……それでも自分のやりたいことは貫きたいな、みたいなところはあるんですよね。

© 2020 映画「越年」パートナーズ

『越年 Lovers』
監督・脚本／グオ・チェンディ
原作／岡本かの子『越年 岡本かの子恋愛小説』〈角川文庫〉、『老妓抄』〈新潮文庫〉
出演／峯田和伸、橋本マナミ、ヤオ・アイニン、オスカー・チュウ、ユー・ペイチェン、ウー・ホンシュウ、菜 葉 菜、吉村和彬、岡野一平、結城貴史、他
全国公開中

広末涼子

撮影 久富健太郎（SPUTNIK） スタイリング 平野真智子
ヘア&メイクアップ 山下景子（KOHL） 文 松坂 愛
ベスト（54,000yen）／UJOH（M tel.03-3498-6633） パンツ（38,000yen）／CoSTUME NATIONAL
（CoSTUME NATIONAL Aoyama Store tel.03-4335-7772） ピアス（22,000yen）、
イヤカフ（6,000yen）／共に、Jouete（tel.0120-10-6616） ※すべて税別

緊張したり、初心に返ったり、いくつになっても初めての経験をさせてもらったり……その連続である芝居は、自分にとって唯一無二なんだなと大人になって感じるようになりました

次から次へと色が変わるように、少しの会話時間でも豊かな表情を見せてくれる。広末涼子はいつまでも何にも染まることのない、たおやかで美しい人だ。それは作品を通しても感じること。「お芝居は自分にとって一生もの」だと語り、「もっといろんな色に染まりたい」という彼女を見続けることは、まだ知らない何かに出会える時のワクワク感と同じ気持ちにさせられる。その広末は、6兆7800億円もの不良債権回収をするべく悪質債務者らと長きに亘る闘いを繰り広げる組織、通称「トッカイ」の奮闘を描く、若松節朗の監督作『連続ドラマWトッカイ～不良債権特別回収部～（以下、トッカイ）』〈WOWOWプライム〉に出演中だ。演じるのは、「負けん気と正義感が強くて、それでいて女性ならではの引きの目で物事を見られる人。だからこそ、あの場にいられる女性なんだと捉えています」というチームの紅一点・多村玲。作品へ臨む心境を伺った。

毎日をめいっぱい、精いっぱいに生きたいなという考え方はずっと変わらないかもしれないです

――2020年は外出自粛期間があったり、いつもとは違う日常でしたが、その中でも得たものはありましたか？

広末 自分の人生の中でこんなにお仕事を無条件にお休みして、家族のために尽くせる時間が今まであまりなかったので。それをプラスに捉えて子どもたちと遊びや学び、芸術的なものに触れたり……そうやって子どもたちの感性に触れる時間が得られたことはラッキーでした。普段からお料理を一緒にしたり、宿題を一緒に取り組んだり、なるべく楽しもうという意識を持っていますが、プラスアルファのこと、時間を気にせずにみんなで絵を描くとか物を作るとか、そういう時間はなかなか取れなかったので……。いつもできないことに取り組めた、豊かにしてもらえたという意味では、良い時間でしたね。絵を描くにしても普段だと色鉛筆やペンにとどまっていたのが、時間がたくさんあるので絵具を広げて描いてみると、すごく子どもたちの個性が出たり。いつもだと彼らの作品を仕上げるフォローで精いっぱいだったのが、自分自身も作品作りに集中できる環境だったので「ママはこっちに集中しているから！」となったり（笑）。そういうことも面白かったですね。

――本や映画など、どのような作品に触れていましたか？

広末 その期間は、子どもたちと一緒に彼らが観たいもの、彼らがオススメする映画を観ていました。今の自分だと選ばないような『スクール・オブ・ロック』や『世界一キライなあなたに』を観たり。子どもたちの感覚や感性に、改めてパワーをもらったり、若い時の感覚に引き戻してもらって年齢を越えてワクワクしたり。

青春ってきっと消えていないんだなという感覚……自分がそれをもう一度味わうこととは違うけど、自分の中にあるものを改めて感じさせてもらえたのが面白かったです。

――ようやく徐々に再開した時は、お仕事への向き合い方、心持ちに変化はありましたか?

広末　時間が空いてしまったことで、ブランクや違和感はなかったのですが、ちょっと期間が空くと、また新たな気持ちで向き合えたり、緊張感を持てたり、初心に返れるところがありました。今回に関しては、再開するにあたって不安や心配は尽きなかったのですが、仕事をすること、自分が表現することが何か意味のあることでありたい、ということをとても意識するようになりました。リスクや危険性がある中でも取り組むべきもの、残せるものをちゃんと作っていきたいなと思います。少し前に久しぶりに共演者の方が出演されていた舞台を拝見したんです。全体としてはお客さんが半分も入らないディスタンスを保った条件で、それでも命を懸けている熱量の舞台を観て……複雑な気持ちになりました。これだけ一生懸命身を削って芝居をしていても、もちろん人数の問題じゃないのですが、伝わる可能性がこれだけ狭い中で役者の仕事って何なんだろうと。表現者として芸術に携わる、メッセージを伝える立場であることを考えたら、身の引き締まる想いになって。だからすごく不思議な感覚で、今までに味わったことのない問いを投げかけられているような気持ちがしています。

――その中で『トッカイ』の撮影に入られて。広末さんご自身は台本を手に取られて、まずどのような気持ちが湧きましたか?

広末　とにかくこの映像化シリーズ第3弾の社会派のドラマの1つに飛び込ませていただくこと、大好きな若松監督とご一緒させていただけることに期待感と高揚感でいっぱいです。ただ台本自体は、使い慣れない言葉が多く、時代背景も違うのでセリフが身体に染み込むまでに時間が掛かりました。普段は、台本を読んで最初に感じた感情を大切にして芝居をしたいタイプなんですけど、今回に関しては1回読んだだけではまず理解がついていかなくて（笑）。「あ、これは苦戦しそうだ」と思った時に、キャスティングの一覧をいただいたんです。キャストの顔が見えると、一気に台本の印象が変わったんですね。その時に、監督ほどカット割りが出てきているわけではないのですが、自分は文章を読みながら映像化していると感じました。このセリフをこの人が言うならこういう風に言うだろうな。そうしたら相手の役者さんはどう返すんだろうと考えながら読むことで、どんどん楽しくなって内容もクリアになっていきました。もちろん自分のセリフに関しては、慣れない言葉をどれだけ自然にできるか、というのが新しいチャレンジというか、1つのテーマだと思いながら取り組んでいます。バブル崩壊後の混乱していた時に、正義感と責任感を持って前に進んだ人たちのように、ポジティヴなメッセージが届いてくれるといいなと思っています。

——茨の道を進んでいく人たちの物語ですが、そういう人たちの生き様は広末さんにはどう映ったりしますか？

広末　うーん……どちらかと言うと自分も、性格しかり生き方も男性的なんじゃないかと思うので（笑）、すごく共感できます。

——ご自身も茨の道を突き進んできたなという感覚はありますか？

広末　それを余儀なくされたところはあるかもしれないですが（笑）。でも選択しているのは自分だし、結局自分に返ってくることだと思っているので。わざわざ戦わなくても良い時はあるかもしれませんが——逃げることは嫌いだし、一番良い答えを出したい、解決したい。その気持ちが強かったのかもしれません。

――今回、演じられる玲は、後悔するような過去を抱えていて、だからこそより奮闘していくような印象があります。もし、広末さんが後悔してしまうようなことを抱えてしまった時、どうクリアしていきますか？

広末 後悔したり悔やんだりするのは好きじゃないので、どう前進できるかを探すと思います。どうしたら同じことを繰り返さないか、繰り返さないですむか、その方法を見つけ出しますね。立ち返ることも大事だと思うので、後悔したことを置きざりにしないようにしています。

――なるべく後悔することのないように生きるといいますか。

広末 そうですね。若い頃からそれは変わっていないのかもしれないですね。昔は太く短く生きたい、明日死んでも良いように毎日を生きたいと思っていました（笑）。仕事や取り組むこともそうだし、何事にも精いっぱい、悔いのないようにしたい。それは対人でも同じです。愛情表現はめいっぱいしたいし、伝えそびれることがないようにしたい。今は、若い頃とは大きく変わって、自分1人だけではなく家族がいて。自分の人生に責任を持って、たくさんのものを見守って見届けたいという意識が芽生えたので、短くとは思わないです（笑）。でも毎日をめいっぱい、精いっぱいに生きたいという考え方はずっと変わらないかもしれないですね。

――そういう風に長く思ってきた広末さんからは、何か底力のようなものを感じます。先ほど普段はファースト・インプレッションを大事にされてお芝居をされている、とおっしゃっていましたけど、今回の役に関してだと、どういうものを軸にされてお芝居をされている最中ですか？

広末 若松監督がこの作品に入る前に、それぞれのキャラクターの性格や影響を受けてきたものなどを書いた紙をくださって。それがすごく個々が見える材料だったので、キャラクター的な迷いはなかったです。ただ私は男性社会の中で1人だけ女性がいるのは、ある程度の強さや冷静さを強調するキャラクターだと思っていました。でも監督は逆に女の人がいることで癒されたり和んだり、そういうものを求めているから「そこまで強くしなくていい」とおっしゃられていて。そこは監督と誤差がありました。監督のイメージしている女性がそこにいるからこそできる空気感を演じていけたらと思っています。

――主人公となる、熱い理想と怒りを持ち指揮を執る柴崎 朗を演じるのは伊藤英明さんです。現場の雰囲気は、台本からも滲むような一致団結した感じがあるんじゃないかなと想像しています。

広末 そうですね、すごく和気あいあいとしています。『トッカイ』のメンバーでのシーンが多いので、セリフのやりとりの難しさだったり、失敗だったりをみんなでワイワイ、ガヤガヤとつっこんだりしている現場です（笑）。今回、伊藤さんがメインで、（塚野智彦を演じる）萩原（聖人）さんがクールで厳しい役という立ち位置にいらして。実際のお2人も何度もご一緒されているので、先輩であり兄貴であり……現場と同じような関係でした（笑）。伊藤さんは、私が思うに少し天然……天然と言うと、語弊があるかもしれないのですが、「真っすぐです！」という感じの印象で。萩原さんにつっこまれても「いや、そんなつもりないっす！」みたいな感じなんです（笑）。もちろん萩原さんのつっこみも理解できるので、そのやりとりが面白いコンビでした。このコンビだけではなく、さらにメンバー全員の中でどんどん一体感が生まれて一致団結しているので、楽しみにしていただきたいと思います。

――大変な今だからこそより一層、活力がもらえる作品になりそうですね。まだまだコロナ禍が続きますが、先々、挑戦してみたいことというのはあったりしますか？

広末 無責任かもしれないんですけど、あまりセルフ・マネジメントをしたくないというのがあります。「こういう役をやりたい」とか「こういう作品がしたい」とかイメージをしていると、そのイメージしたものしかこない気がして。選択肢があった中でも自分が選んでいくことで、可能性を狭めてしまうかもしれない。もっといろんな色に染まりたいですし、作品のジャンルやカラーが違ったとしても、監督さんの求めるものに応えていきたい。それが舞台であれドラマであれ映画であれ、日本であれ海外であれ。私はあまりフィールドの違いを気にしていなくて。とにかく役者であること、芝居をすることが私の最善の表現方法だというのを感じています。一生ものでもっともっと上手になりたい。きっとそういう意味では自分の人生の中で１００点を出せる時はこないだろうと思います。でもそれくらい好きだからこそ取り組めるし、欲深くなれる。緊張したり、初心に返ったり、いくつになっても初めての経験させてもらったり……その連続である芝居は、自分にとって唯一無二なんだなと大人になって感じるようになりました。若い時は、こんなに執着はしなかったし、いろんな可能性を感じて何をしても良いと思っていました。そこはすごく変わったところで。お芝居そのものが自分にとって、根を張る場所なんだと思っています。

WOWOW 開局３０周年記念『連続ドラマW トッカイ ～不良債権特別回収部～』
監督／若松節朗、村谷嘉則、佐藤さやか
原作／『トッカイ 不良債権特別回収部』清武英利〈講談社文庫〉
出演／伊藤英明、中山優馬、広末涼子、矢島健一、萩原聖人、橋爪 功、他
毎週日曜 22 時より〈WOWOW プライム〉にて放送中

OTTE

名球会、伝説の名選手たちの肖像

山崎裕之

対話&撮影　山崎二郎　文　吉里 爽　編集協力　菊地伸明（未来サポート）

投手は200勝または250セーブ、打者は2000安打を記録した名選手が集う名球会。一握りのトップ・プレイヤーのインタヴュー連載。今回は1965年にロッテ・オリオンズ（現・千葉ロッテマリーンズ）に入団、1979年、埼玉西武ライオンズに移籍。20年の現役生活で通算2081安打、270本塁打、985打点を記録した山崎裕之選手にご登場いただいた。

「プロならばここまで考えてやらなきゃいけないのか」と、そんなことを金田監督に教わった気がします

山崎　長い現役生活の中でのベスト・シーズンについてお聞かせください。一番記憶に残っているシーズンは、いつでしたか？

山崎　ロッテオリオンズ時代の1974（昭和49）年でしょうか？　金田正一さんが監督の時でしたが、シーズン途中で助っ人のジョージ・アルトマンが大腸がんを発症してアメリカに帰ったんですね。その年はパ・リーグ優勝を果たして日本一になれましたが、まさか自分が（アルトマンの帰国後、代役として）4番を任されるとは思っていませんでしたから。日本一になっての優勝パーティーにアメリカからアルトマンが駆けつけてくれたのも印象深いですね。

山崎　日本シリーズでは、2本のホームランを放つなど大活躍でした。監督が金田さんに代わって、どのように練習法は変わったんでしょうか？

山崎　金田さんが監督になって、待遇面を含めて、トレーニング、アフター・ケア、食事など、すべてにおいてチームが変わりました。「プロならばここまで考えてやらなきゃいけないのか」を金田監督に教わった気がします。例えば、夏場の移動の際、新幹線や飛行機の中は当然冷房が効いているわけです。そんな時、「体を冷やさないように、1枚羽織るものを持て。自分の体のケアに気を遣え」と言われましたね。それ以前のチームは、そこまで意識が高くなかったので新鮮でした。

山崎　20年に及ぶ長い現役生活の中で、大きなケガや持病を経験されたことはありましたか？

山崎　ありましたね。〈西宮球場〉での阪急ブレーブス戦でのことです。デッドボールで出塁したダリル・スペンサーがセカンド・ランナーで、次のバッターが三遊間にゴロを打ったんですね。ショートの僕がサードのベース・カヴァーに入ると、身長2メートルのスペンサーがスパイクを上げて僕に向かってきて、吹っ飛ばされました。結果、裂傷を負って、膝のお皿の上を7針縫いました。一度は入院するも10日ほどで退院して、新宿のクリニックでリハビリをして、怪我してからわずか3週間でゲームに復帰しましたよ。今思えば、若かったですね。

山崎　なんと！　20年に及ぶ長い現役生活でしたが、それだけ長くプレイできた秘訣は何でしょうか？

山崎　やっぱり、自分の体に気を遣うことが大事じゃないですか？　騒がれてプロ入りしただけに調子が悪いと叩かれましたし、そこで「なにくそ！」と言う気持ちがあったから。自分に妥協しだしたら、そこで終わりですね。ケース・バイ・ケースで「この場面ならどうすべきか？」と考え、つなぎ役に徹するには「いかに自己犠牲の精神を持てるか」が大切ですね

山崎　山崎選手と言えば、「フォア・ザ・チーム」、「いぶし銀」のイメージがありますが、スラッガーとして将来を嘱望され、「長嶋二世」と騒がれてプロ入りした経緯があります。先ほどおっしゃったような「脇役感覚」というのは、いつ頃、どのようにして芽生えたんでしょうか？

山崎　やっぱり、プロ入りして周囲を見渡せばアマチュアではクリーンアップを打ってきた選手が集まってきていますから、「高校時代はスラッガーだった自分も、そのままでは通用しないぞ」ということを肌感覚で感じま

したね。

山崎　プロ入り後すぐに、そう思い至ったと？

山崎　そうです。最初はもうちょっと（スラッガーとして）できるかな？という想いもありましたが、壁にぶち当たってみれば、そういう（自分はバイ・プレイヤーとしてやっていこうという）結論に至りました。

山崎　プロ入り後の早い段階で、自分の方向性を見定めていたんですね。アマチュア時代に「エースで4番」だったプレイヤーがプロ入り後に脇役に方向転換するのは、なかなか難しいかと。

山崎　そこを早く、自分で見極めるということが大事じゃないですか？　（現・埼玉西武ライオンズ監督の）辻発彦もノンプロ時代はクリーンアップを打っていましたけど、プロ入り後にバットを短く持って徹底して右狙いをするバッティング・スタイルに変えて、活路を見出しましたから。

山崎　辻選手が1984（昭和59）年入団ですから、山崎さんからライオンズのセカンドをちょうど引継ぐ形になりましたね。「チームが勝つために、自分がどうすべきか？」というテーマに向き合うと、進塁打などつなぎのバッティングが要求されますが、つなぎ役として意識されていたことは何でしょう？

山崎　誰だって（自由に）打ちたいわけですけど、ベンチからのサインが出ていなくても、ケース・バイ・ケースで「この場面ならどうすべきか？」と考え、つなぎ役に徹するには「いかに自己犠牲の精神を持てるか」が大切ですね。もちろん、うんと点差が空いている場面なら、フリーに打てることもありますけど。

山崎　記念すべき、2000本目のヒットも、見事な流し打ちの長打でした。

山崎　あぁ、あれは半分当たり損ねでした。

山崎　インサイド・アウトのスイングが前提かと思いますが、山崎さん得意の右打ち、流し打ちというのは、どういう意識付けでなさっていたんでしょうか？　極意があれば、ぜひお聞かせください。

山崎　瞬間的にインサイド・アウトのスイングができるかどうか？ですよね。投球に差し込まれ気味でそのままスイングしても凡退で終わってしまいますけど、右肘を内側に入れつつバットのヘッドを少し遅らせることで、（ライトの）フェア・ゾーンにボールを運べるわけです。いわゆる、この「追っつけ」は、辻もうまかったですよね。

山崎　すると、「詰まってもＯＫ」という感覚でしょうか？

山崎　すべてのボールをバットの芯で捉えられたら理想的なんだけど、それを追いかけられるのはあくまで練習の時だけで。相手投手も「打たせまい」と投げてくるゲームとなれば、そうはいかない。ですから、実戦においては「いかに瞬間的に対応できるか？」というところが問われてきます。

山崎　打者は本能的に詰まることを嫌がると聞きますが、「詰まる部分はやむなし。とにかくヒットゾーンにボールを運ぼう」と言う考え方だったと？

山崎　もちろん、詰まるのは嫌だし、泳ぐのも嫌なわけです。まずは、「自分はスラッガーじゃない」と言うことを認識して、試行錯誤しながら、徐々に自分のスタイルを確立していった感じですね。

僕には大切にしているポリシーがあって、「群れない」「媚びない」「すり寄らない」という３つなんです

山崎　大型契約で東京オリオンズに入団後、チームの主力だった山崎選手が、１９７８（昭和53）年のオフに西武ライオンズに移籍されました。このトレードはかなりの衝撃がありましたが、移籍先の西武ライオンズで日本一に輝くなど充実したキャリアを築かれました。

山崎 そうですね。現役20年間で4度日本シリーズに出て、3度日本一になれましたから。

山崎 移籍されて、成績が向上されたのが、素晴らしいです！　西武ライオンズでの1年目の打率、.330も打ってますから。

山崎 特に、移籍初年度の対ロッテオリオンズの成績は良かったと思いますね。その年はデッドボールで大ケガをして出遅れたので、出場試合数が少なかったのもありますね。

山崎 弱いチームが強くなっていくプロセスをライオンズで体験されたと思いますが、移籍当初は、歯痒く感じるようなこともいろいろあったのではないでしょうか？

山崎 西武ライオンズの初年度は、開幕から12連敗するくらいの体たらくで。ケガから復帰して一軍に復帰すると、ある負けゲームの後、ロッカールームで若手選手たちがユニフォームなどの洗濯物を誰が運ぶのかを決めるのにジャンケンをしていたんですね。その光景にカチンと来てしまい、「おまえら、ゲームに負けて悔しくないのか！」と怒鳴りつけたことがあります。以来、若い選手たちからは煙たがられましたけども（苦笑）、チームが弱い時って概してそんなもんですよ。

山崎 煙たがられたとしても、チームがそういう状況だからこそ、敢えて嫌われ役になるヴェテラン選手の存在も重要性を感じ取れるお話です。

山崎 今はいないみたいですね。僕からしたら、「他球団の選手とお友達になる」っていうのは信じられないです。挨拶くらいは交わしたとしても、僕の現役時代は他球団の選手たちと食事に行くとか考えられなかったです。

山崎　まったく違いますね。一番フィットした打順となると2番ですか？

山崎　タイプとしては、そうかもわからないですね。西武ライオンズに移ってからは、1番を打つジム・タイロンと2番を打つ僕のコンビを根本陸夫監督が信頼して、ヒットエンドランのタイミングも任せてくれてました。打席に立ってバッテリーから感じる雰囲気をベースにサインを出していましたから、成功する確率は高かったですね。長距離ヒッターではないけれど、長打もそこそこ打ててましたし、器用な部分もあったので2番がベストだったかなと思います。自分なりに、芝居と一緒で、野球においても「脇役がいい仕事をするからこそ、主役が光る」という信念がありましたね。

山崎　流し打ちや進塁打などのチーム・バッティングはもちろん、いざとなれば長打も打てるというのは2番打者として最強じゃないでしょうか？

山崎　アウトカウントによりますが、ある程度の点差があってチャンスに打席が回ればランナーを返すためのヒット狙いもできるので、2番は面白い打順だったと思います。

山崎　チームメイトとあまり飲みに行ったりはせず、個人主義的なスタンスを取られていたのは、若い時からずっと変わらずですか？

山崎　そうですね。若い時からずっと同様の姿勢を貫いていました。

山崎　野球がチームスポーツであるがゆえに、そのスタンスを貫くのは難しい部分もあったんじゃないでしょうか？　個人事業主のプロ野球選手としては、至極当たり前のスタンスとも言えますが。

山崎　一言で言えば、僕は「人付き合いが悪い」ということです。例えば、先輩に付き合わされて飲みたくもない酒を飲まされた挙句、翌日のグラウンドでコンディションが不良なら、自分にとってはマイナスでしかないわけですから。オフはともかくとして、グラウンド外での付き合いを絶っていたのは、「シーズン中は自分にマイナスになることはしない」ということですね。概して、野球選手は群れる傾向がありますけどね。ちなみに、大切にしているポリシーがあって、「群れない」、「媚びない」、「すり寄らない」という3つなんです。この3つが、僕と（同郷で、大洋ホエールズの）松原 誠の生き方ですね（笑）。

山崎 いろんな方を取材していくと、「派閥も含めて、思った以上にプロ野球の世界は政治力がモノを言うんだな」ということを感じております。

山崎 おっしゃる通りで、球界には、「派閥」、「学閥」、「郷土閥」という三閥があるんですよ。

山崎 政治的な球界で「個を貫く」というのは、なかなかできないことだと思いますし、妥協しないがゆえに、損をするようなこともありませんでしたか？

山崎 よく言えば自分のスタンスは「意志が固い」ということですが、端的に言えば「頑固」の一言に尽きますね。どの世界でもそうかと思いますが、（自分とは真逆の）ささっと権力にすり寄る、長いものに巻かれるのが得意な世渡り上手なタイプっているじゃないですか？ 例外なく、野球界にもそういう人はいますけど、見ている人は、そういうところもしっかり見てますよ。

山崎 日米野球で対戦されたメジャー・リーグの感触を教えてください。実際に対戦してみていかがでしたか？

山崎 幸いなことに、1970（昭和45）年、1971（昭和46）年と2年続けて、サンフランシスコ・ジャイアンツのキャンプ地でスプリング・キャンプをやって、そのままアメリカでメジャー相手にオープン戦をやるという貴重な経験をしているんです。対戦してみればさすがのレヴェルで、一流のピッチャーが登板するとちょっと打てないかなというのは感じましたね。アナハイム・エンジェルス（現・ロサンゼルス・エンゼルス）

のホームでホームランを打ったり、難しいライナーをジャンプして好捕した僕をラジオの実況アナウンサーが「ヴァキューム・ヤマザキ！」と呼んでくれたり。そんな思い出がありますね。確か、サンフランシスコ・ジャイアンツのホームでも、ホームランを打ったかな？　オープン戦とは言え、メジャーのいろんなチームと対戦できたのは財産になりましたね。

山崎裕之（やまざきひろゆき）／埼玉県上尾市出身。1946（昭和21）年12月22日生まれ。現役生活20年で、2081安打、打率.265、270本塁打、985打点を記録。セカンドとして、ベストナインを5回、ダイヤモンドグラブ賞を3回受賞。1965（昭和40）年、ドラフト制度発足前の自由競争時代の最後の大物高校生として、当時としては破格の契約金5000万円で東京オリオンズに入団。1年目から一軍に定着、2年目からはショートでレギュラーに。1969（昭和44）年、セカンドにコンバートされ、打撃も開花。打率.301、ホームラン25本を記録する。以降、「いぶし銀」と度々称される不動の大型セカンドとして、チームを牽引した。1971（昭和46）年8月14日、東映フライヤーズ戦で史上25人目となるサイクル・ヒットを達成。1974（昭和49）年の日本シリーズでは、22打数8安打3打点と活躍して優秀選手賞を獲得する。1978（昭和53）年のシーズンオフに西武ライオンズに移籍。内野のリーダーとして、黄金時代の礎を築く。翌1979（昭和54）年には、規定打席未到達ながら、打率.322を記録。1982（昭和57）年には、120試合以上に出場し、日本一に貢献。1983（昭和58）年、自身最高の82打点をマーク、日本一連覇に華を添えた。この年、2000本安打を記録。1984（昭和59）年、現役引退。引退後は野球評論家として活躍。

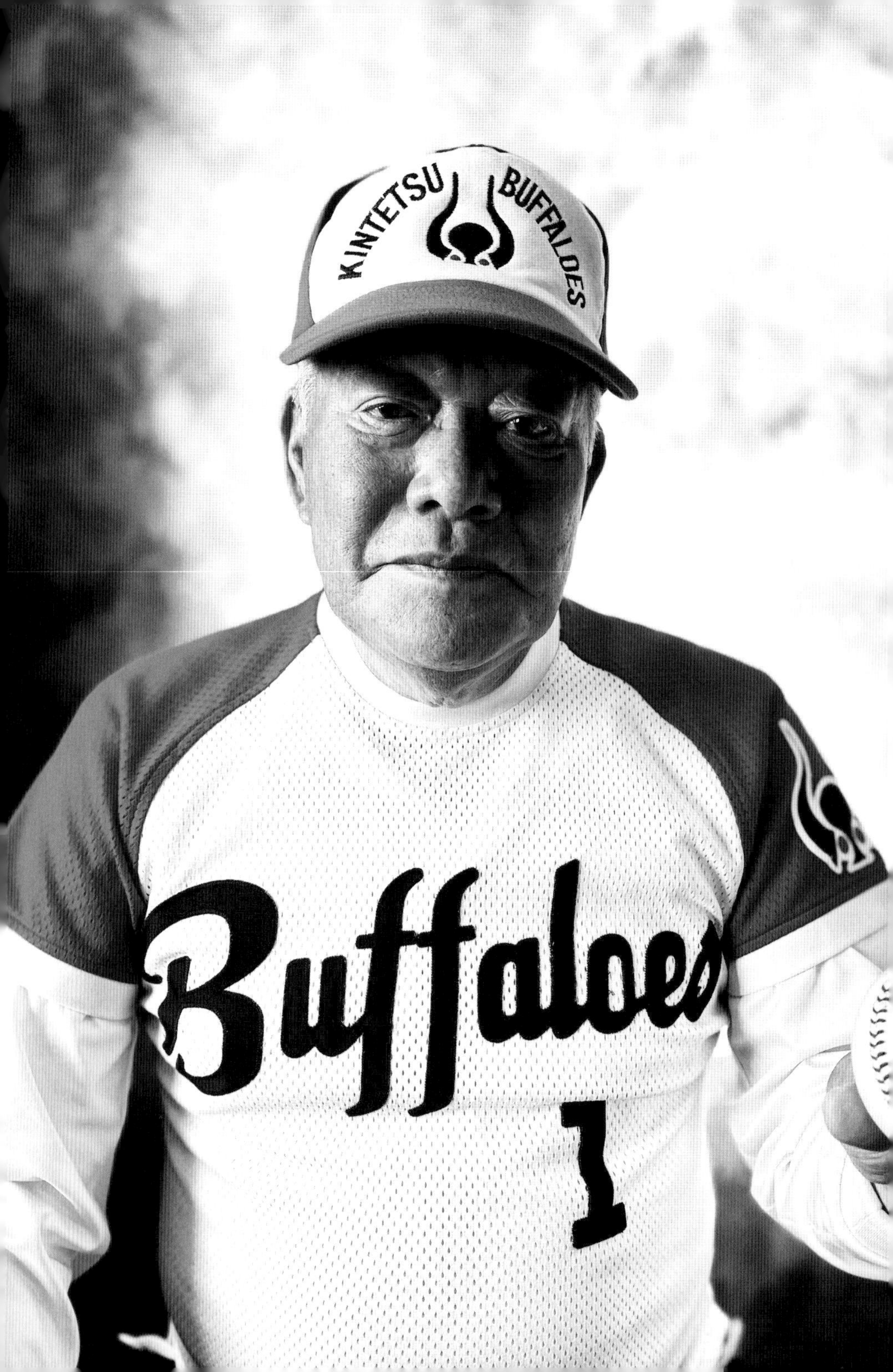
KINTETSU BUFFALOES
Buffaloes
1

名球会、伝説の名選手たちの肖像

鈴木啓示

対話&撮影　山崎二郎　文　吉里 爽　編集協力　菊地伸明（未来サポート）

投手は200勝または250セーブ、打者は2000安打を記録した名選手が集う名球会。一握りのトップ・プレイヤーのインタヴュー連載。今回は1966年に近鉄バファローズに入団以来、20年の現役生活で通算703試合登板、317勝、防御率3.11を記録した鈴木啓示投手にご登場いただいた。

西本さんは熱心な人でね。技術的にも精神的にも肉体的にも、鍛えてもらった。長く野球ができたのは、西本さんのお陰やね

山崎 20年にわたる現役生活の中で、ベスト・シーズンはいつでしょうか？

鈴木 俺、そういうこと、全然覚えてないわ。打たれたとか負けたとか、そんなことばっかり覚えてて、ええことは覚えてないわ（笑）。

山崎 記録だけを見ると、１９７８（昭和53）年、25勝されたシーズンがベスト・シーズンかと想像しました。

鈴木 斎藤雅樹（元・読売ジャイアンツ）に抜かれたけど、日本新記録の10連続完投勝利したのは何年やったかな？

山崎 それも同じ１９７８（昭和53）年の記録です。若手の頃の話からうかがいたいんですが、三原 脩監督の時代、先発とリリーフを兼務されていたのが、「先発１本でいきたい」と直訴されたと聞きました。

鈴木 そんな器用なタイプじゃないからな。二股掛けられるタイプではなくて、１つのことで必死やから。

山崎 当時はまだ、入団して2、3年目じゃないですか？　にも関わらず、大監督の三原監督に、ご自分の希望をズバッとおっしゃったという……。

鈴木 まぁ、言うたよね。西本幸雄監督の場合、「お前は先発で行け！」と監督の方から言ってくれたね。西本さんは、最初から俺の希望を受け入れてくれはったね。ありがたい。人との出会いに感謝や。その中でも特に、西本さんには自分を変えてもらいましたわ。西本さんは熱心な人でね。技術的にも精神的にも肉体的にも、鍛えてもらってね。長く野球ができたのは、西本さんのお陰やね。

山崎 １９７４（昭和49）年、西本監督が就任されると成績も復活して、翌年以降は、22、18、20、25と勝ち星

も上向きになりました。どんな理由で、成績が安定したんでしょうか？

鈴木 西本さんが熱心やから、「このおっさんと一緒にやろう」と思うてな。一生懸命、俺のことを言うてくれるから。はじめは「うっとうしい。うるさいおっさんやな」と思うたんやけどね。一生懸命やってくれはるから、この人について行こうと思うてね。「監督が嫌い、チームが嫌いや」とかね、サラリーマンで言うたら、「社長が嫌い、会社が嫌い」とか言うとる間はアカンね。やっぱり、「この社長が好きや」とか「この会社が好きやねん」と思えた時に、成績が上がってきたね。

山崎 プロに入っていきなり、1年目から10勝、二桁勝利をされてます。

鈴木 1年目は5月の後半から（一軍で）投げ始めたけど、チームの勝ち頭や。チームが低迷していたこともあって、「同じ負けるんなら、ルーキーの鈴木を使おうや」と使うてくれて。１９６６（昭和41）年の5月の24日やったかな？〈後楽園球場〉でリリーフで投げて、東映フライヤーズに勝ったんや。それがプロ入り初勝利や。それから、南海ホークス戦の先発が決まって。結局、2対1くらいのスコアで完投で勝ったんですよ。南海ホークスの鶴岡一人監督の試合後の談話がありがたくて、未だに覚えてるけどね。「近鉄バファローズに、鈴木啓示というすごいピッチャーが入ってきた。パ・リーグのために、こういうピッチャーを育てなアカン」と言うてくれて。それで、前半戦の勝ち星がわずか4勝くらいなのに、監督推薦の枠で鶴岡さんがオールスターに俺を選んでくれたんや。こういう、人との出会いに感謝やね。「さすが『親分』と呼ばれるだけの人やなぁ」と後になって思うたけどね。

ホームランを打った打者がホームインするまでの「屈辱の時間」が一番長かったのが野村さんや。

だから、野村さんにホームランを打たれるのは一番悔しかったね

山﨑 オールスターの試合前に、金田正一投手にカーブの投げ方を教わりに行って、けんもほろろに断られたと言う話が有名です。

鈴木 あの一件で、アマチュア根性だった俺がプロ意識に目覚めたね。正直、「憧れの金田さんやから、親切に教えてもらえるやろう」という考えでおったよね。大阪球場での試合前、外野で練習中の金田さんのところに行って、「すみません。ストレートしか投げられへんので、カーブの投げ方を教えてください！」とお願いしてね。すると、「おまえ、新人か？　ここはな、プロ野球なんや。クラブ活動とちゃうで！　教えてもらいたかったらな、授業料として金持ってこい！」と一喝されてな。「どうもすみませんでした」と謝ってその場を去ったけどさ。「このおっさんのファン、もう辞めたわい」と思うてね。ついこの間まで仲間同士で教え合いながら甲子園目指してがんばっていた野球なのに、「プロ野球」の世界はまったく違って。「この世界は、（先輩から自分で）盗む世界やな。欲しい技術は自分で勝ち取らないかんねんな」と、プロ意識に目覚めさせてもろうた出来事やったね。カネさんの「金持ってこい！」の一言は自分を変えてくれた愛のアドヴァイスやったなと、4、5年してから感謝したね。以降3年くらいは、「カネさんファン」は辞めてたけどな（笑）。で、3年目のキャンプだったか、評論家になったカネさんが、近鉄バファローズの日向キャンプに取材に来はったんやね。グラウンドに着くなり、「鈴木！　鈴木はおるか！」と大声を出されて、「僕ですが！」と返すと「調子はどうだ？」といきなり聞かれてな。金持って来い事件から3年経ってたけど、ファンは辞めとった頃や。「調子なんかどうでもええっすよ。それより、新人の時のオールスターで『カーブの投げ方を教えてください』と相談したら、金田さん、どない言われたと

思いますか？」と聞いたんや。すると「教えてやったろ？おまえ」という回答で（笑）。「教えてくれなかったっすよ」と返すと、「俺が何言うたんや？」と聞き返してくるから、当時のセリフをオウム返ししてね。「『ここはクラブ活動とちゃうど！　教えてもらいたかったら、金持ってこい！』って言われたんっすよ」と言い返すと、「そうか！　俺もええこと言うたもんやな。だから、おまえは勝ててきとるんや！」と言われて（笑）。まさに、あの出会いが俺を変えてくれたね。

山崎　いいお話ですね。５年連続20勝された頃は、どんな球種を投げていたんですか？

鈴木　直球とカーブだけやね。球の力だけで抑えていたね。で、１年目のオールスターで、高い授業料を払うたよ。試合前にバッテリーを組む野村克也さんとサインの打ち合わせをするやろ。野村さんが「これがストレート、これがカーブ、これはスライダー、これがシュート、これがフォーク」とか、サインを決めようとするわけや。ストレートの時だけ、「はい、わかりました」と返事して、後は黙って聞いとると、「おまえ、分かっとんのか。返事せえへんやないか！」と言われて。そもそも、ストレート以外の球種なんて投げてないから。「おまえ、南海戦で登板した時、ちょっと抜いたような球を投げとったやないか」と言われて、「いや、僕、ストレートしか投げられません」と正直に言うたんや。配球の話になって、「初球は？」、「ストレートでお願いします」、「２球目は？」、「ストレートで」みたいなやり取りがあって、「２ストライク取れたら、３球目はボールになってもいいから、自称カーブでいこう。例え外れても、まだ余裕がある。カウントが２‐３になったら、どないすんねん？」と聞かれて、馬鹿正直に「ストレートでお願いします」と言うてしもうたわけ。オールスター終わったら、野村さんにガンガン打たれてさ（苦笑）。ダリル・スペンサーに勝ってホームラン王を取った年、野村さんは俺からごっつうホームランを打ったわ。

山崎　（笑）　野村さんが亡くなられた際の鈴木さんの追悼コメントが「野村さんにホームランを打たれた後、ゆっくりダイヤモンドを1周されるのが悔しくてたまらなかった」という内容で、とても染み入りました。

鈴木　ピッチャーがグラウンドで瞬間的に味わう最大の屈辱って、ホームランを打たれることや。逆に、ピッチャーが味わえる最高の優越感は三振を取った時やねん。560本もホームランを打たれた俺は、「被本塁打数」の世界記録保持者やから。ホームラン配給王なんや。ある時、「どのホームランが一番悔しかったですか？」と聞かれた時に「野村さんや」と答えてな。ワシがプロ入りする前年（1965年）に、野村さんは三冠王を獲られてな。プロの世界で生きていくには、野村さんを抑えて南海に勝たないとアカン。西鉄ライオンズで言うたら、中西 太さんを抑えないとゲームに勝てないわな。野村さんは配球を読んで打つバッターやねん。対戦し出した頃は、野村さんは配球を読むけど、こっちは読まないから、ストレートを初球からバンバン投げたら三振しはったわ。（手の内が知られてからはカモにされて）ホームランを打って、ボールがスタンドインして跳ねるのを確認してから、俺の方を見て「入ったやろ！」と一言。それからやっと走り出すんや。「もうホームインするやろ」と目をやると、野村さんはまだセカンド・ベース辺りにおったりな。ホームランを打った打者がホームインするまでの「屈辱の時間」が一番長かったのが野村さんや。だから、野村さんにホームランを打たれるのは一番悔しかったね。野村さんがよく言うけど、「ええピッチャーがええバッターを育てる。ええバッターがええピッチャーを育てる」ということを身を以て味わったというね。かつて、長嶋茂雄さんのデビュー戦でカネさんが4打席4三振に打ち取って、それが長嶋さんの向上心に火をつけたように、私は野村さんに火をつけられたというかね。5年連続20勝した後で、後輩たちが相談やら質問に来るようになると、カネさん同様「教わりたければ金持ってこい！」と言うてやろうと思うたけど、いざとなると言えなかったわ。厳しかったカネさんは、さすがプロやったね。そういう出会いに感謝や。

最終的には浮かばれた方がいいけど、浮かばれないのが長持ちする秘訣や。やっぱり、人間は満足したらダメや

山崎 長い現役生活の中で、肩や肘の大きな故障、ケガなどはありましたか?

鈴木 20年で投げたイニングが4600と抜群に多いけど、肩や肘に故障はなかったね。現役の最後に、足に来たけどな。尿酸値が高くて痛風やとか言われたけど、結局、関節炎やった。

山崎 長年に渡って、多くのイニングを投げても肩肘に故障がなかったのは、無理のない理想的なフォームで投げていたことの証明かと思います。

鈴木 力で押すピッチングから技のピッチングに変えた時、「変身した」とか言われたけどね。やっぱり晩年のフォームはね、投げて投げて走って走って、練習して掴んだフォームやったね。西本さんが監督の頃、「野球に力なんか要らん。力で野球ができるなら、相撲取りとレスラーを呼んでこい!」と言われて、意味がわからんかった。やっぱり、力を入れて投げてはじめて、ええボールが行くという感覚があったから。思い返せば、高校時代に毎日300球ずつ投げ込みをさせられてたな。今みたいに、球数制限なんてない時代や。200球くらいまでは体力があって力任せに投げてるんやけど、200球を超えると身体がへばってきよるわけや。へばってくると、逆に(脱力して)いいフォームになってきてね。無駄な力が抜けて、手元でピュッと伸びるようなボールのキレも出てくる。へばってからの方がボールがええやないかと言うね。この時の経験が西本さんの言うこ

と一致するなと。やっぱり、(ピッチングは) 力じゃないな、コツやな、タイミグやなと。そういうことを気づかせてくれたのは、西本さんやったね。

山崎　球数制限が叫ばれる昨今ですが、ある程度の球数を投げることで、無理のないフォームが身につくということですよね。

鈴木　若い頃は力んで投げとったんよ。足を頭より高く上げて、二段モーションでね。その当時は身体の力に頼って投げとったけど、西本さんの言う「力に頼らないフォーム」を身につけるための試行錯誤を始めたんや。

山崎　調整法として、投げ込み以外の練習では、走り込みの比重が高かったんですか？

鈴木　走り込みっていうのはね、僕はクルマに例えるとガソリンを入れることやと思うね。クルマにガソリンを入れなければ、いずれガス欠するやん？「クルマに乗る前はガソリンを満タンにしてから」という気持ちがあったから、走って走って走って満タンにしておいて、それから投げるというね。「ボールは（腕ではなく）足腰で投げる」という考え方やね。もっと噛み砕いて言うと、足腰の力によって勝手に腕が振れてくるフォームが維持できれば、肩や肘に負担がかからんのや。これは精神論やけどな。最終的には浮かばれた方がいいけど、浮かばれないのが長持ちする秘訣やで。やっぱり、人間は満足したらダメや。長年、近鉄バファローズでやらせてもろうたけど、もし活躍ぶりをもてはやされる人気球団におったら、自分は調子に乗っとると思う。当時のＭＶＰは必ず優勝チームから選ぶ時代やったから、選ばれるのは勝ち星が俺より少ない阪急ブレーブスのエース・山田久志や。どんなにがんばっても報われない自分がいるから、「よーし、見とれ！」と。それの繰り返しやったね。

山崎　幾度か出場された日米野球で、メジャー・リーグのチームから誘われることはなかったですか？

鈴木 そんな時代やなかった。王貞治さんですら、外野に打球が滅多に飛ばんかったもん。やっぱり、スピード、ボールの重さが違う。今よりもメジャーの球団数が少ない中、本当にええ選手が選ばれて来とったからね。日本のピッチャーは、本格派よりも軟投派の方がそこそこ通じてたね。向こうはセカンドの頭の上を超えた打球がグンと伸びてライト・スタンドに入ってしまうような規格外のパワーやったし、金田さん、長嶋さん、王さんにしても、「アメリカでプレイしたい」という気持ちすら起こらなかったんとちゃうかね。

鈴木啓示（すずきけいし）／兵庫県西脇市出身。1947（昭和22）年9月28日生まれ。1966（昭和41）年、育英高からドラフト2位で近鉄バファローズに入団。通算成績703試合登板、317勝238敗2セーブ、防御率3.11。通算無四球完投78試合は日本記録、通算被本塁打560本は世界記録。入団1年目に10勝、以降15年連続二桁勝利、翌年からは5年連続20勝以上をあげ、「ミスター・バファローズ」としてエースに君臨。1968（昭和43）年8月8日、東映フライヤーズ戦でノーヒット・ノーランを達成。1969（昭和44）年、24勝で最多勝を獲得。1971（昭和46）年9月9日、西鉄ライオンズ戦で2度目のノーヒット・ノーランを記録した。若い頃の奪三振の多い投球スタイルから、1974（昭和49）年に監督に就任した西本幸雄の指導により、制球重視の技巧派に転身。シフト・チェンジが奏功し、成績も復活した。1985（昭和60）年シーズン途中に現役引退。2002（平成14）年、野球殿堂入り。現役引退後は野球評論家として活躍。1993（平成5）年から1995（平成7）年まで、近鉄バファローズの監督を務めた。

“コンピレーションCDシリーズ『middle & mellow』計8タイトルがリリース中です”

選曲＆監修・山崎二郎（ステッピンアウト！）jiroyamazaki

〈Amazon Music〉、〈Apple Music〉、〈AWA〉、〈Spotify〉のサブスクリプションでプレイリスト公開中

what is middle & mellow?

R&B、ヒップホップ、J-POP、昔の音源など、ジャンルを横断して、middleまたは、mellowをキーワードに紹介。70年代、シティ・ポップスを聴いていた世代、80年代、AORに馴染んでいた世代、90年代、「渋谷系」にハマっていた世代、そして、今のサブスクリプション世代と、同じビート感を通して、異なったジェネレーションが、良い音を共有できれば、サイコーです。

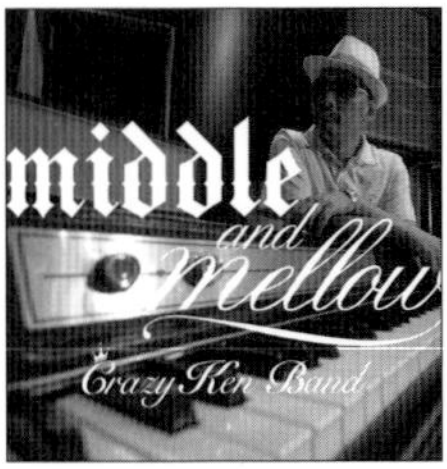

『middle & mellow of Crazy Ken Band』
〈Almond Eyes〉 XNAE-10018　2,520円(税込)

『ZERO』収録の「ハマ風」の新ヴァージョン「ハマ風～ for middle & mellow ～」、DJ KENTA MIXの「タオル×音楽力(DJ KENTA Summer Breeze Mix From CONTRAX)」も収録。加えて、「ヨコスカンショック」のライヴ・ヴァージョン、「7時77分」の新ナレーション・ヴァージョンと、初音源も！

『middle & mellow of Happiness Records』
〈Long Happiness / Happiness Records〉 HRAD-00036　2,520円(税込)

Saigenji、流線形が所属する、サウダージ感溢れるサウンドをリリースするレーベル〈ハピネスレコード〉の楽曲からチョイス。他、OUT OF SIGHT PRODUCTS、amor fati、Carnival Balloon、JUA、dahliaの楽曲を収録。

『middle & mellow of toko furuuchi』
〈ポニーキャニオン〉 PCCA-02858　2,625円(税込)

デビュー25周年を迎えた古内東子。2003～2005年、〈ポニーキャニオン〉からリリースされた楽曲から選曲。CMで使用された「Beautiful Days」が収録されています。

『middle & mellow of Universal Music』
〈Universal Classics & Jazz〉 UCCU-1215　2,520円(税込)

インディア・アリー、クイーン・ラティファ、ジャザノヴァ、セルジオ・メンデス、ボーイズIIメンetc…と、豪華なアーティストの楽曲を誇る〈Universal Classics & Jazz〉の音源を中心として選曲したオムニバス・アルバム。

『middle & mellow of Asako Toki』
〈LD&K〉 202-LDKCD　2,415円(税込)

アルバム『SAFARI』が好評の土岐麻子。〈LD&K〉、〈エイベックス〉とレーベルをまたいでの選曲です。

『middle & mellow of P-Vine Records』
〈P-VINE〉 PCD-93241　2,415円(税込)

数多くの豊富な音源の中から洋楽R&Bを中心とした選曲です。

『middle & mellow : groovy wired of Knife Edge』
〈Knife Edge / ポニーキャニオン〉 PCCA-02996　1,980円(税込)

全13曲中8曲が新録音！　L & J、GAGLE、KOHEI JAPAN、COMA-CHI、Jazztronik、TWIGY、BUZZER BEATS、Home Grown、Bonnie Pink、MIka Arisaka、Momoe Shimano、YOUNGSHIM、Romancrewの楽曲で構成です。

『middle & mellow of paris match』
〈ビクターエンタテインメント〉 VICL-64550　2,592円(税込)

2015年、デビュー15周年を迎えたアニヴァーサリーでリリース。初のオール・イヤー、オール・レーベルからの選曲です。

INFORMATION

STEPPIN' OUT!　ステッピンアウト！

facebook : @steppinoutmagazine　Instagram : magazinesteppinout　twitter : @OutSteppin

BARFOUT!　バァフアウト！

1992年創刊以来29年、新しい世代の表現者を「批評」するのではなく、「応援」するカルチャー・マガジン。毎月19日発売(月により変動します)。

facebook : @barfoutmagazine

Instagram : barfout_magazine_tokyo

twitter : @barfout_editors

Brown's Books & Café　ブラウンズブックス&カフェ

音楽、演劇など街ごとカルチャーな下北沢。平日は『ステッピンアウト！』『バァフアウト！』編集部が土日はブック・カフェに。山崎二郎の本棚がそのまま展開。全て販売もしています。

営業時間 13:00 ～ 20:00　TEL.03-6805-2640

facebook : @brownsbooksandcafe　Instagram : brownsbooksandcafe

twitter : @BrownsBooksCafe

JIRO YAMAZAKI　山崎二郎

facebook : @ jiroyamazaki　Instagram : jiroyamazaki

PRESENT

1. 役所広司　(サイン入り紙焼き写真1名様)
2. 宇崎竜童　(紙焼き写真1名様)
3. 草刈正雄　(サイン入りチェキ3名様)
4. 峯田和伸　(サイン入りチェキ2名様)
5. 広末涼子　(サイン入りチェキ1名様)

このページ左下の「プレゼント応募券」を貼り、①お名前、②ご住所、③お電話番号またはメイル・アドレス、④この号を読んだご感想、⑤上記のご希望のプレゼント番号を、郵便はがきにご記入の上、以下の住所までご応募ください。抽選でご希望のプレゼントをお送りします（発表は発送をもって代えさせていただきます）。

ご記入いただいた個人情報は、プレゼントの発送のみに利用し、外部に提供することはございません。アンケートの内容は編集参考資料とさせていただきます。

締切／ 2021年4月6日消印有効

応募先／〒155-0032　東京都世田谷区代沢5-32-13-5F

ステッピンアウト！ 2021年4月号プレゼント係　宛

NEXT ISSUE

次号のステッピンアウト！ 2021年6月号は2021年4月6日発売予定です。

その他、内容は決まり次第SNSでアップしていきますので、是非見てみてください！

STEPPIN' OUT!
APRIL 2021
プレゼント応募券

STEPPIN' OUT!®

ステッピンアウト！ APRIL 2021 VOLUME 17

EDITOR 堂前 茜 岡田麻美 松坂 愛 多田メラニー 上野綾子

DESIGNER 山本哲郎

PRINTING 株式会社 シナノパブリッシング プレス

STEPPIN' OUT! ステッピンアウト！ APRIL 2021 VOLUME 17

2021年2月5日第1刷発行 ISBN 978-4-344-95407-6 C0070 ￥600E

発行：株式会社ブラウンズブックス 〒155-0032 東京都世田谷区代沢5-32-13-5F

tel.03-6805-2640, fax.03-6805-5681, e-mail mail@brownsbooks.jp

Published by Brown's Books Co., Ltd. 5-32-13-5F Daizawa, Setagaya-ku, TOKYO,JAPAN. Zip 155-0032

発売：株式会社 幻冬舎 〒151-0051 東京都渋谷区千駄ヶ谷4-9-7 tel.03-5411-6222, fax. 03-5411-6233

NEW RELEASE

ブラウンズブックスのグッズができました！

第一弾はＴシャツとトートバッグ。

デリグラフィックス（www.deli-graphics.com）にて発売中です。

【デリグラフィックス　BARFOUT!】で検索

T-Shirt
BARFOUT!
BLACK / WHITE
XS-XL
（3,900yen）（税込）

Tote-Bag
BARFOUT!
NATURAL
MEDIUM / LARGE
（2,400yen）（税込）

T-Shirt
STEPPIN' OUT!
BLACK / WHITE
XS-XL
（3,900yen）（税込）

Tote-Bag
STEPPIN' OUT!
NATURAL
MEDIUM / LARGE
（2,400yen）（税込）

T-Shirt
Movilist
BLACK / WHITE
XS-XL
（3,900yen）（税込）

Tote-Bag
Movilist
NATURAL
MEDIUM / LARGE
（2,400yen）（税込）

T-Shirt
Photograph
WHITE
XS-XL
（3,900yen）（税込）

Tote-Bag
Photograph
NATURAL
MEDIUM / LARGE
（2,400yen）（税込）

※すべて別途送料がかかります

STEPPIN' OUT!
DECEMBER 2019
VOL.10 980円(税抜)
COVER STORY /
佐野元春
瀬々敬久、松重 豊、松尾スズキ、仲村トオル、坂井真紀、西島秀俊、白石和彌、窪塚洋介
STEPPIN'OUT! presents Movilist ムーヴィリスト、東山、富良野、稚内、沖永良部島を往く

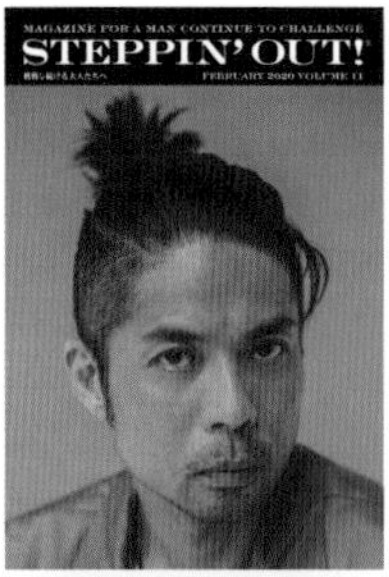

STEPPIN' OUT!
FEBRUARY 2020
VOL.11 980円(税抜)
COVER STORY /
久保田利伸
市村正親、江口洋介、大沢たかお、藤木直人、永野
STEPPIN' OUT! presents Movilist ムーヴィリスト、沖縄・西表島、竹富島を往く、星野佳路（星野リゾート代表）

STEPPIN' OUT!
APRIL 2020
VOL.12 600円(税抜)
COVER STORY /
東山紀之
寺脇康文、永瀬正敏、織田裕二、吉田栄作、大泉 洋×小池栄子
STEPPIN' OUT! presents Movilist ムーヴィリスト、冬の青森を往く

STEPPIN' OUT!
JUNE 2020
VOL.13 600円(税抜)
COVER STORY /
岡田准一
ASKA、石橋蓮司、伊東輝悦、田中 泯、玉木 宏、常盤貴子
STEPPIN' OUT! presents Movilist ムーヴィリスト、初春の松江、出雲を往く

STEPPIN' OUT!
OCTOBER 2020
VOL.14 600円(税抜)
COVER STORY /
妻夫木聡
岡本健一、緒川たまき、窪塚洋介、小泉今日子、豊原功補、仲間由紀恵、行定 勲
STEPPIN' OUT! presents Movilist 鈴木理策、佐久間由衣、ムーヴィリスト、那須高原を往く

STEPPIN' OUT!
DECEMBER 2020
VOL.15 600円(税抜)
COVER STORY /
堤 真一
黒沢 清×蒼井 優、升 毅、豊原功補、小泉今日子、中村獅童、井浦 新
STEPPIN' OUT! presents Movilist 佐久間由衣、星野佳路（星野リゾート代表）、ムーヴィリスト、金沢を往く

STEPPIN' OUT!
FEBRUARY 2021
VOL.16 600円(税抜)
COVER STORY /
東山紀之
木﨑賢治、横山 剣（クレイジーケンバンド）、鈴木保奈美、トータス松本、吉田 羊
STEPPIN' OUT! presents Movilist ムーヴィリスト、11月の軽井沢を往く

Movilist ACTION 1
980円(税抜)
COVER STORY /
1984年と2014年。『VISITORS』から『MOVILIST』へ。佐野元春と往くニューヨーク
波瑠、大谷健太郎、安藤美冬、木村文乃、江口研一、大沢伸一、若旦那、他
ESSAY / 江 弘毅、谷中 敦（東京スカパラダイスオーケストラ）

Movilist ACTION 2
980円(税抜)
COVER STORY /
『ナポレオンフィッシュと泳ぐ日』から『BLOOD MOON』へ。1989年と2015年。
佐野元春と往くロンドン
江 弘毅、山崎二郎、佐々部 清、市川紗椰、今井美樹、安藤美冬、江口研一、永瀬沙代

Movilist ACTION 3
980円(税抜)
COVER STORY /
A Treasure Found in Iriomote Island, Okinawa 柚希礼音、沖縄・西表島で休暇を過ごす
波瑠、大谷健太郎、笹久保 伸、タクシー・サウダージ、山崎二郎、木村文乃、永瀬正敏、本田直之

BACK NUMBER

『TOSHINOBU KUBOTA in INDIA』
2,857 円（税抜）

久保田利伸のデビュー 25 周年を記念した、自身初の写真集。かねてより彼が訪れたいと願っていた聖地・インドで、フォトグラファー・中村和孝が灼熱の日々を活写している。

STEPPIN' OUT!
WINTER 2008
VOL.1 1,000 円（税抜）
COVER STORY /
横山 剣（クレイジーケンバンド）

宇崎竜童、大沢伸一、奥田民生、辻 仁成、童子-T、長谷川京子、ポール・ウェラー、リリー・フランキー

STEPPIN' OUT!
SPRING 2009
VOL.2 952 円（税抜）
COVER STORY /
松任谷由実

吉井和哉、紀里谷和明、工藤公康（横浜ベイスターズ）、辻 仁成、冨田恵一、ムッシュかまやつ、横山 剣（クレイジーケンバンド）

STEPPIN' OUT!
SUMMER 2009
VOL.3 1,238 円（税抜）
COVER STORY /
矢沢永吉

ウィル・アイ・アム（ブラック・アイド・ピーズ）、工藤公康（横浜ベイスターズ）、竹中直人、小宮山 悟（千葉ロッテマリーンズ）、紀里谷和明、石井琢朗（広島東洋カープ）

STEPPIN' OUT!
WINTER 2010
VOL.4 1,429 円（税抜）
COVER STORY /
鈴木雅之

大瀧詠一、小林和之（EPIC レコードジャパン代表取締役）、田代まさし、丹羽昭男（エス・エス・エスシブヤ楽器代表取締役）、横原敬之、山口隆二（元〈ルイード〉代表取締役）、湯川れい子、浅野忠信、小久保裕紀（福岡ソフトバンクホークス）、辻 仁成、トム・フォード、バッキー井上、本木雅弘、山崎武司（東北楽天イーグルス）

STEPPIN' OUT!
JANUARY 2019
VOL.5 1,200 円（税抜）
COVER STORY /
大泉 洋

渡部えり、時任三郎、SHERBETS、小宮山 悟、遠藤憲一、中村紀洋、古田新太、新羅慎二（若旦那）、塚本晋也

STEPPIN' OUT! presents Movilist
ムーヴィリストというライフスタイル〜福岡・上五島編 BLACK & WHITE MEMORIES OF TURKEY by 永瀬正敏

STEPPIN' OUT!
MARCH 2019
VOL.6 1,200 円（税抜）
COVER STORY /
安田 顕

奥田瑛二、三上博史、香川照之、永瀬正敏、藤倉 尚、大森南朋、安藤政信、鈴木尚広

STEPPIN' OUT! presents Movilist
ムーヴィリスト、冬の長崎〜熊本を移動し、愉しむ

STEPPIN' OUT!
JUNE 2019
VOL.7 980 円（税抜）
COVER STORY /
スガ シカオ

滝藤賢一、谷中 敦（東京スカパラダイスオーケストラ）、原 恵一、亀田誠治、SODA！、上川隆也、長谷川京子

STEPPIN' OUT!
AUGUST 2019
VOL.8 980 円（税抜）
COVER STORY /
三上博史

高橋源一郎、近田春夫、宮沢和史、ノーマン・リーダス、武田大作、多村仁志

STEPPIN' OUT! presents Movilist
ムーヴィリスト、尾道、会津、松山を往く、ムーヴィリスト、金沢を往く

STEPPIN' OUT!
OCTOBER 2019
VOL.9 980 円（税抜）
COVER STORY /
オダギリ ジョー

橋爪 功、北大路欣也、柄本 明、舘ひろし、横山 剣（クレイジーケンバンド）、中井貴一、唐沢寿明、吹越 満、沢村一樹、渡部篤郎

STEPPIN' OUT! presents Movilist
ムーヴィリスト、北海道を往く featuring 広瀬すず

目的地の観光地を回るだけでなく、飛行機やクルマ、電車、バスなどの移動時間も含めてが旅。むしろ、流れゆく景色を見やりながら、思考を巡らせ、とびっきりのアイデアが浮かぶ移動時間こそ、何よりかけがえのないこと。また、行く前に時間も行程も目的地の情報も全てインプットし、ややもすると、現地では「感じる」でなく「確認」に止まってしまう旅をしがちの昨今。となると、電車の接続の待ち時間や不慮な運行中止などにイラついたりしてしまう。

が、日常の中なら、都市の中なら、ほとんど計算通りに運ぶだろうが、アクシデントや予想つかない出来事に遭遇することこそ、日常を離れた場所に身を置く旅の醍醐味ではないか？　すべてが事前調べの確認に終始したら味気ないではないか？　そこで提唱したいのが、「Movilist（ムーヴィリスト）」という新しい旅のスタイル。先に挙げたように、移動を含めて、いや、むしろ、移動をメインにした旅のスタイル。予期せぬことが起きることをむしろ歓迎する旅のスタイル。「Tourist（ツーリスト）」ならぬ、Move 移動する人で「Movilist（ムーヴィリスト）」。せっかくの非日常なのだから、ひょっとしたら二度と来ることがないかもしれない土地で、思い切り感じていたいではないか？　時には自分と向き合い、気づきを得る瞬間こそ宝物ではないか？

移動がままならない今。かと言って、家にいる時間が長い日常は、単調になり、ストレスが溜まっている。その中で、いかに非日常を作り出すことができるか？　移住地を変えることはインパクトがあるが、越した当初は非日常でも、いつしか日常となっていく。そこで考えたのが、二拠点生活。が、別荘のように、先行きが不確かな今に、大きな出費をするのはリスク。最近では〈ADDress〉のように、複数拠点を選べるサブスク・サーヴィスも始まっている。今住んでいる場所とアクセスのいい場所との往復。そのための一歩は、持ち物を減らすこと。それは今の住居がメイン、もう１つの拠点がサブ＝仮という従来の発想でなく、いつでも生活全てが移動できるモンゴルの遊牧民のようなスタイル。持ち物をコンパクトにすれば、今の住居から小さいスペースに引っ越すことが可能で、生活コストが下がり、二拠点生活のハードルが下がる。それこそ、持ち物を減らす時間は今、たっぷりあるのだから。となると、都市と田舎という発想も従来のものでは？と思った。東京の中でも、西の世田谷区と、東の台東区ではまったく空気感が違う。ならば、東京の中での二拠点も大いにあり、だ。ちょっと気になった街に、お試し感覚でステイしてみる。そう。移動＝旅でなく、移動＝生活という、むしろ大胆なライフスタイルにトライできるのではないか？　それこそ、コロナ禍になったからこそ進化できる新しい生活様式。さぁ、どこに住もうか？

ムーヴィリストというライフスタイル
第11回

文　山崎二郎　画　早乙女道春

3月から愉しめる春のアクティヴィティ

「パイン海開き」

3月14日開催

ホテルがある八重山諸島は日本の最南端に位置し、3月の平均気温は22.5度とかなり快適！　ホテル併設のビーチでは、収穫時期を控えたパイナップルや、パイナップル＆シャンパンを融合させたオリジナル・カクテル「シャンパイン」で乾杯という、なんとも新しい海開きのイヴェントを開催。甘くジューシーな味わいを存分に堪能して。

「電動モーター SUP」

3月15日から通年

人気のSUP（スタンダップパドルボード）体験も、ここではボードのフィンに電動モーターが付いているので、パドリングが楽々。浅瀬で透明度も高いから、北半球最大の珊瑚礁「石西礁湖」の絶景も望める。

料金／1名（10,000yen）（税別）
予約／tel.0980-84-6300にて前日17:00まで可能
その他、詳細は公式HPで。

「ビーチの花咲くリゾナーレ」

4月1日〜5月31日開催

白砂のビーチに色とりどりのハイビスカス・アートが咲き誇る、今年初開催のイヴェント。個性的な“お花見”を楽しんだ後は、ビーチ近くの「BOOKS & CAFE」で、グアバとエディブルフラワーを使用したオリジナルのかき氷を味わおう。また、ビーチへと続く全長15メートルの小道に咲く、200輪もの真っ赤なハイビスカスも圧巻だ。

〈星野リゾート　リゾナーレ小浜島〉

遠浅の海が広がる小浜島の東に位置し、全客室がヴィラ・タイプのスイート・ルームという贅沢な環境の〈リゾナーレ小浜島〉。豊かな自然が近いがゆえに、柔らかな風、木々の音なども心地良く耳に届き、部屋でゆっくりと過ごすだけでも心が解放されていく。敷地内をのんびり歩くのはもちろん、貸し出しされる電動キックボードでお散歩したり、マリン・アクティヴィティ三昧に過ごすのも◎。

沖縄県八重山郡竹富町小浜 2954
tel.0570-073-055
料金／（21,000yen ～）（2 名 1 室 1 名朝食付・税別）
アクセス／石垣港離島ターミナルより小浜港行きフェリーにて 25 分、小浜港から送迎バスにて約 10 分
他、詳細は risonare.com/kohamajima まで

「朝焼け海上ラウンジ」

まだ朝日が昇る前の静かな海で、移ろいゆく空、小浜島の美しい海を眺める、1 日 1 組、宿泊者限定のアクティヴィティ。ホテル特製のラウンジで海上をぷかぷかと漂いながら、ゆったり特別な時間を過ごしたい。

開催時間／ 5:30 ～ 8:00（所要時間約 60 分）
予約／ tel.0980-84-6300 にて前日 17:00 まで可能

㉒

3

㉔

る石垣もまた美しい㉒。西大岳展望台からは西表島がすぐそこに㉓。珊瑚礁が島を守ってくれることもわかる㉔。高いところからだと、この島のコンパクトさが一目瞭然。が、コロナ禍の今、この小ささゆえに人が密集しないことが貴重。宅配便もできる今、移住者も増えているとのこと。確かに東京にいても、実店舗へ行かず、家にいることが多いので、もし自分がこの島に住むならと夢想してみた。ないのは、毎朝行くカフェぐらいかも。それも、自分で淹れたコーヒーをビーチで飲むことがむしろサイコーでは？と。まずはリモートワーク・ルームのある〈星野リゾート リゾナーレ小浜島〉でリゾート・ワーケーションを体験してみたらどうだろう？

＊１季節により料理内容に変更あり

＊２「島色ゆくる旅・小浜島」プランの一部

⑰

⑲

（広大な敷地内はモビリティ・ヘヴン！）プライヴェート感のあるビーチへ。美しい！ソファや⑭、テントもあって⑮、大事な人とロマンチックなひと時を過ごすのにこれ以上ないロケーション。ガジュマルの樹に囲まれた「ガジュマル広場」も素敵⑯。「BOOKS & CAFE」で⑰、供されるのはテイクアウトのビーチ・ブレックファスト＊2⑱。ラフテー、メカジキなどの当地食材を使ったサンドイッチと、黒糖ピーナッツ、グラノーラを添えたヨーグルトを朝日の中でいただく幸せよ。別れを惜しむもチェックアウト。島内を周るとヤギくんとご挨拶⑲。〈NHK〉連続テレビ小説『ちゅらさん』で有名になった、長い下りの一本道のシュガーロード⑳。集落のこのほっこりした感じが堪らない㉑。一軒一軒特徴があ

⑭

⑯

リゾート〉各施設の素晴らしいところ。今回も冬にシュノーケルなんて発想ありませんから！　部屋に戻りジェット・バスが心地良過ぎ。さらに！　スパ棟にて、沖縄の天然素材のハイビスカス、シークヮーサーなどを使ったアロマ・トリートメントの「琉球スパ」で、足裏から頭皮までをゆったりケアしてくれる極上タイム⑪。お腹が鳴った後はディナー。今夜はシンプルな八重山料理と調理法が共通するスペイン料理デー。目の前で焼いてくれるステーキ⑫に、牛肉と冬瓜のマース煮も塩が美味しくおかわり⑬。就寝前、部屋に用意されたストレッチの指南書＊2とハイビスカス・ティー＊2で睡眠に誘われ。

翌朝、バック・カヴァーの朝日を撮りたく、ゲストに貸し出される電動キックボードで

⑨

⑪

のタルトで⑦。

翌朝、湯に浸かった後の朝食。沖縄の黒糖を使った「黒糖フレンチトースト」、コクがあって美味⑧。午前は部屋でチル。ランチで八重山そば⑨を食し、力をつけたら、通常はホテル隣接のビーチだが、この日は天候が悪く港へ移動し、船で干潮時に浮かび上がる三日月形の幻の島へ行き（今回は天候で割愛)、北半球最大の珊瑚礁エリアの石西礁湖（せきせいしょうこ）でシュノーケルを楽しむ「らくちんビーチアクティビティ」。風は強くても、海の中は静かでただただ美しく、熱帯魚に触れられそうな距離で独り漂っている時間は完全にマインドフルネス⑩。そう！　普段だったらできない、非日常なアクティヴィティを体験でき、新しい扉を開けられるのが〈星野

⑥

⑧

にすぐに、今回のステイ先の〈星野リゾート リゾナーレ小浜島〉に①。広大な敷地に全60室のスイートという贅沢さ。フロント棟から水辺の周りにはヴィラがゆったり配置される様は、前号訪れた〈星のや軽井沢〉を想起②。部屋はプライヴェート・プール③やジェット・バス付きの最も広いロイヤルスイート④。観光地や街を周るのではなく、移動先の施設内でゆったりとした時間を過ごそうというコロナ禍での新しい移動スタイルにぴったり過ぎ。ゆったりと湯に浸かった後はビュッフェ・レストラン〈Ooli Ooli〉へ。3密対策がしっかりとおこなわれて心地良い⑤。日替わりメニューで今夜は八重山デー。当地の塩と泡盛だけで煮る魚介のマース煮＊1はさっぱりしつつも素材の良さを引き立てる⑥。デザートはパイン

①

③

ハイ・シーズンでない、人が多くなくゆったりと過ごせ、自分と向き合うことがおこないやすいオフ・シーズンの場所を、移動を含めて提案する「大人の男のひとり旅」。が、とても、移動に対して細かい配慮が必要な今の状況。3密にならない、感染リスクを限りなく回避した新しいスタイルを、移動というライフスタイルを提唱するムーヴィリストとして、おこなってみたい。

今回の行き先は沖縄は八重山諸島の小浜島。冬といっても南国。気温は日中20度。むしろ、過ごしやすい。アクセスも実はよい。羽田空港から石垣島への直行便で、空港からバスで30分ほどで石垣港離島ターミナルにイン。フェリーで25分で小浜港へ。送迎バスが待っていてくれ、名前の通り、小さなサイズの島ゆえ

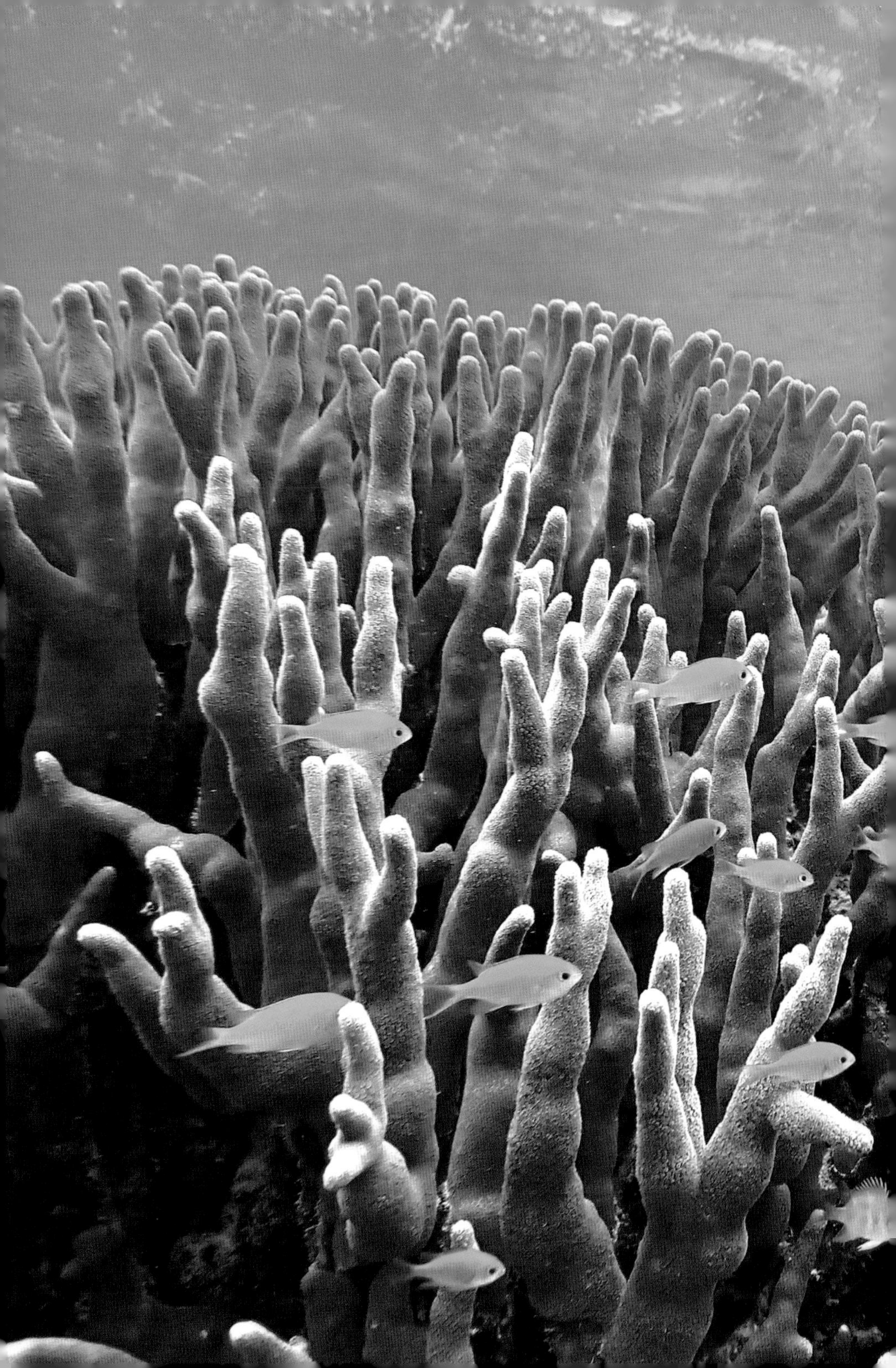

Movilist movin' around Kohama Island, Okinawa in winter.

ムーヴィリスト、冬の沖縄、小浜島を往く

撮影＆文　山崎二郎（P145～144は除く）

9784344954076
1920070006001
ISBN 978-4-344-95407-6
C0070 ¥600E

STEPPIN' OUT!®
APRIL 2021 VOLUME 17

定価／(本体 600 円＋税)
発行／株式会社ブラウンズブックス
発売／株式会社 幻冬舎